国家出版基金项目
NATIONAL PUBLICATION FOUNDATION

"十三五"国家重点出版物出版规划项目

新汉译世界高等教育名著丛书（第一辑）

丛书总主编　李子江　张斌贤

U0955253

人的养育与教育

——乔丹高等教育演讲集

[美]戴维·斯塔尔·乔丹（David Starr Jordan）著

於荣　译　祝贺　校

浙江教育出版社·杭州

献给

简·莱斯罗普·斯坦福

总序

20世纪90年代，浙江教育出版社出版了由王承绪先生主编的“汉译世界高等教育名著丛书”，在学术界产生了重要影响，丛书所收录的著作至今依然是高等教育学等相关学科学习和研究必备的学术文献。本世纪以来，多家出版社相继推出了多种高等教育著作译丛，例如“京师高等教育译丛”（北京师范大学出版社）、“国际高等教育译丛”（中国海洋大学出版社）、“世界高等教育研究名著译丛”（教育科学出版社）、“美国研究型大学探索译丛”（河北大学出版社）、“高等教育与全球化丛书”和“北大高等教育文库·大学之道丛书”（北京大学出版社）等。一些教育著作译丛虽然并非以高等教育为主要内容，但也包含了部分高等教育的译著，例如“影响力教育理论译丛”（华东师范大学出版社）、“非洲教育译丛”（浙江大学出版社）等。

国外高等教育著作的译介不仅满足了我国高等教育决策者、管理者以及公众了解其他国家和地区高等教育发展历史与现状的需要，而且有力促进了我国学者对高等教育的研究。只要将20世纪90年代高等教育研究状况与当下进行粗略对照，就可以清楚地看到我国20多年来高等教育研究的长足发展。这其中固然有诸多原因，但不可否认的是，广泛和充分吸取其他国家高等教育研究成果是一个非常关键的因素。同样不可否认的是，大量高等教育译著在其中发挥了不可替代的重要作用。

众所周知，中国现代高等教育机构和高等教育制度的建立是西学东渐的产物，迄今已逾百年。但是，由于种种原因，我国高等教育真正稳定发展的时间不过数十年。对于高等教育这样复杂的事业而言，几十年的经历实在是过于短暂了，而基于这些有限经验形成的认识则更具局限性。在当代社会急速变革的条件下，高等教育发展及其与社会的关系日趋复杂，如何合理认识高等教育的内在本质与职能，如何科学把握高等教育发展的方向，如何妥善处理高等教育内外部各种关系，更需要非同寻常的智慧、远见和胆识。而要拥有这一切，学习借鉴其他国家的实践经验，尤其是主导这些实践的思想观念，是必不可少的重要环节。

从更大的方面说，高等教育机构自建立之日起，就与文化传播、交流结下了“不解之缘”。不同文化教育之间的交流、相互影响始终是推动高等教育发展的重要动力。古希腊的学园对古代东方高等教育机构的借鉴，古罗马对希腊文明的吸纳，文艺复兴后欧洲各国在学术研究等方面的相互影响，尤其是近代以来，文化、学术、教育的交流在促进不同国家高等教育改革发展中的作用日益广泛、显著和重要。在一定意义上，一段高等教育的历史，同时也是不同文化、学术交流不断开展、推进和深化的历史。作为文化教育交流的重要途径，译著始终是这段历史的重要组成部分。

为适应我国高等教育改革发展的新形势，进一步丰富我国的高等教育研究，浙江教育出版社决定在已有基础上继续推进国外高等教育名著的译介，出版“新汉译世界高等教育名著丛书”。

从书将按专题分辑出版。

从书第一辑收录美国十二位著名大学校长的主要教育著作。他们是：哈佛大学校长埃利奥特（1869—1909年，任职期间，下同）和洛厄尔（1909—1933）、耶鲁大学校长波特（1871—1886）、密歇根大学校长塔潘（1852—1863）、霍普金斯大学校长吉尔曼（1875—1902）、哥伦比亚大学校长巴纳德（1864—1889）和巴特勒（1902—1945）、布朗大学校长威兰德（1826—1855）、芝加哥大学校长哈珀（1891—1906）、斯坦福大学校长乔丹（1891—1913）、克拉克大学校长霍尔（1888—1920）、纽约大学校长布朗（1911—1932，1906—1911年曾任美国联邦教育署署长）。

19世纪后期至20世纪前期是美国高等教育发展的关键时期。在这个时期，美国高等教育实现了从传统学院向现代大学的转变，完成了以学术职业化为核心的“学术革命”，建立了较为完整的高等教育制度，从而开创了“美国教育史的新纪元”。[①]

在这个前所未有的重大变革过程中，一个非常独特的现象是，在一个不太长的时期内集中出现了一批著名的大学校长。他们之所以著名，并非仅仅因为他们任职于著名的大学（事实上，在那个时期，至少与欧洲的古老大学相比，美国大学大多并不“著名”），而在于他们高瞻远瞩、审时度势，在于他们富有管理智慧和教育素养，更为重要的是在于他们有着高尚的人格、坚定的信念和远大的志向。正是在这些校长的努力下，哈佛大学等原本较为知名的大学“旧邦新命”，焕然一新；一些原本不知名的大学从平庸走向卓越，成为世界著名学府，美国由此开始成为世

① 劳伦斯·维塞. 美国现代大学的崛起[M]. 栾鸾，译. 北京：北京大学出版社，2011：1.

界高等教育强国。罗杰·盖格称这些校长为“巨人校长”，他们开创了美国高等教育史上独一无二的“巨人校长时代”。①

迄今为止，除克拉克·科尔、德雷克·博克等少数几位美国著名大学校长的著作之外，国内尚未有对美国大学校长著作的系统译介。“新汉译世界高等教育名著丛书”第一辑收录的这十二位校长的著作集中反映了他们关于高等教育的理解，以及他们的办学理念和管理经验。他们的思想和实践业已成为世界高等教育宝贵的精神财富。系统译介这些著名大学校长的教育著作，呈现优秀大学领导者的理念和实践，有助于了解这些校长的教育思想和治校方略，探讨高等教育发展的内在机制与社会保障机制，为我国高等教育的发展提供经验借鉴。我们相信，本丛书的出版将进一步深化我们对高等教育的认识，帮助我们不断学习借鉴世界一流大学的创建、改革实践经验，为推进我国建设世界一流大学的战略提供历史经验和启示。

在丛书第一辑即将付梓之际，我们由衷地感谢浙江教育出版社的大力支持。正是他们的远见卓识和专注于学术著作出版事业的坚定信念，才会有越来越多的学术经典问世。在现行科研评价体制下，学术著作的翻译得不到应有重视，从事翻译主要是出于译者对学术事业的热爱和追求，我们对参与丛书翻译、校对工作的各位同仁表示崇高的敬意。

李子江　张斌贤

2019年12月

① 约翰·塞林. 美国高等教育史（第二版）[M]. 孙益，等，译. 北京：北京大学出版社，2014：120.

译者序

戴维·斯塔尔·乔丹（David Starr Jordan, 1851—1931）是美国鱼类学家、教育家、优生学家、和平主义者。他是印第安纳大学第七任校长和斯坦福大学的首任校长。1851年1月，乔丹出生于纽约州盖恩斯维尔（Gainesville）市附近的农村。他的父母是来自英国清教徒家庭的农民和教师，父亲是一名废奴主义者，母亲是一名宗教人士。乔丹后来对和平主义的看法以及对作为公众人物所应承担的义务的看法受到父母的很大影响。乔丹14岁时就读于盖恩斯维尔女子神学院附近的一所女子学校。三年后，17岁的乔丹开始在一所小学任教。1869年3月，他获得奖学金，进入新落成的康奈尔大学学习植物学或畜牧学。1872年，因为他在植物学方面做了额外的本科教学工作，乔丹获得了理学硕士学位（班上其他同学获得的是理学学士学位）。在康奈尔大学学习期间，乔丹深受康奈尔大学首任校长安德鲁·迪克森·怀特（Andrew Dickson White）的影响。怀特所规定的许多原则，如教育与教派影响分离，自然科学和专门技术与人文学科并重，现代语言与文学和古典语言与文学处于同等地位，以自由选择课程取代僵化不变的课程，把大学生当作成人和学术群体中负责任的成员看待等，在乔丹后来成为印第安纳大学和斯坦福大学校长期间得到实行。

1873年，乔丹从康奈尔大学毕业后不久，进入位于马萨诸塞州海岸外的佩尼凯斯岛（Penikese Island）上的安德森自然历史暑期学校学习。在那里他与路易斯·阿加西（Louis Agassiz）一起学习了几个夏季课程。作为一名科学家和教育家，阿加西对乔丹的发展产生了重要影响。乔丹通过对动物学的研究接受了进化论，并接受了阿加西的建议开始研究鱼类学。之后，乔丹专注于科学教育。他曾在伊利诺伊州朗伯德学院（Lombard College）和威斯康星州阿普尔顿学院（Appleton Collegiate Institute）任教。1874年，他在印第安纳州的印第安纳波利斯高中教科学。1875年，乔丹获印第安纳医学院医学博士学位。同一年，他成为印第安纳州巴特勒大学的生物学教授。1878年，乔丹获得了巴特勒大学的哲学博士学位。1879年，乔丹被印第安纳大学自然历史学院聘用，成为动物学教授。1885年，年仅34岁的乔丹被任命为印第安纳大学第七任校长，成为当时美国最年轻的大学校长，并且是印第安纳大学历史上第一位非牧师出身的校长。

乔丹在印第安纳大学校长任上，从立法机构获得了建造新校舍的资金，改善了大学的财政状况。他通过向印第安纳州宣传大学的价值，改善了大学的公共形象，增加了印第安纳大学的招生人数和教职工人数。他受阿加西的影响，在印第安纳大学摒弃了传统的强调死记硬背的科学教育方式，积极推行选修课制度并对这一制度进行了改进。他的这些改革引起了斯坦福大学创始人利兰·斯坦福（Leland Stanford）的注意，1891年乔丹受邀成为斯坦福大学的首任校长。在担任斯坦福大学校长期间，乔丹提倡科学教育和科学研究，支持达尔文进化论，继续推行选修课制度，强调野外调查对生物学的重要性。他的许多开创性工作为斯坦福大学后来发展为一所世界著名的研究型大学奠定了重要的基础。1913年，乔丹卸任斯坦福大学校长职位，1916年退休。1931年9月，乔丹在斯坦福大学的家中去世。

本书的内容主要是乔丹在担任印第安纳大学校长时期和斯坦福大学校长初期，在印第安纳大学、斯坦福大学、加州伯克利大学和伊利诺伊大学等院校，以及加利福尼亚州和印第安纳州的教师协会上所发表的演讲。乔丹演讲的对象主要是大学生，演讲的主题涉及高等教育的目的和价值、大学课程、人才培养、科学研究和科学教育、女子高等教育、教育与国家的关系、专业教育与通识教育的关系、教师和学生之间的关系等多个方面。现将其内容简要介绍如下。

1. 乔丹充分肯定了高等教育对于个人发展具有重要的价值。乔丹认为大学是为了对男女学生进行教育而存在的，高等教育的最崇高使命是用热情，用人性、工作、生活的崇高理念去填补年轻人的心灵。高等教育应该教育年轻人认识到生命的价值，帮助他们树立崇高的理想并把理想坚决地付诸行动。他认为接受高等教育可以给个人带来许多好处。这些好处包括开启智慧，丰富思想，学会思考，增强能力，提高社会地位，成为更好的公民，获得友谊，等等。在乔丹看来，上大学对于个人而言实质上是一种金融投资，最好的政治经济学是人的养育和教育。因此他建议尚未上大学的年轻人应该尽其所能地争取上大学的机会，努力对自己的未来进行投资。乔丹认为享有充足的教育应该是美国男人和美国女人与生俱来的权利。他针对当时美国教育中存在的女子高等教育薄弱、女性接受高等教育机会很少的现状，提出女性不仅有权利接受高等教育，而且应该接受与男子相同的高等教育。他认为培养明智的、有教养的、品格高尚的女性是高等教育最重要的功能之一。不仅如此，他还大力提倡和实施男女同校教育，认为男女同校教育比独立的女子学院或者附属于男子学院的女子学院更具优势，能够给学生带来更多的益处。

2. 乔丹认为高等教育对于国家和社会的发展也具有重要的价值。乔丹认为教育是解决所有劳工和社会问题的关键。美国政治制度中存在的弊端只有通过教育才能得到补救。教育改革是所有改革中最重要的。因此，自由国家最重要的责任之一是给青年男女提供睿智的、全面的、普及的教育，培养学生形成明辨是非的能力，拥有坚定的信念、良好的道德品质和坚强的意志等公民素质，使他们能够为承担未来生活的责任做好更全面的准备。他认为大学的主要职责之一就是输出人才，通过他们个人的影响帮助造就好的公民。高等教育与公共福利密切相关，高等教育的作用是要结束对民众的专制和愚民统治。只有美国的公民受过教育或恰当的教育，美国才会安全。美国的未来将取决于大学生，因为未来的大学将满足所有有才能的人的需要，并使他们的才能得到彰显。

3. 为了实现高等教育的价值，乔丹认为大学必须从满足学生的需要出发实行选修课制度。乔丹认为最好的教育是来自内部的生长，教育必须适应个人的需要。大学是由学生组成的，学生是大学的基本单位；最好的学校是为了每个学生而存在的学校。因此，大学对学生一定不能强迫，而是需要引导。他认为最好的养育和教育不是压抑学生的弱点，而是发挥学生的长处。基于大学应该满足学生的需要，乔丹在大学大力推行选修课制度。他认为一个人所受的教育除非在某种程度上与他的未来成长有关，否则对他就没有多大价值。美国的大学不能把现代课程和现代观念与当前的现代生活脱节，大学必须提供学生所需要的课程，允许学生有根据其兴趣和能力选择课程的自由。大学实行选修课制度的目的是寻找最优秀的教师、最符合学生兴趣和能力的科目，使学生把大学时间用在最有优势的科目上。

4. 乔丹认为大学需要重视实用教育，提高专业教育的标准，打破专业教育与通识教育之间的隔阂。乔丹认为实用教育是一种能使生活变得更为有效的教育，一个人只有接受真正的实用教育，才能在复杂的社会中获得有价值的位置。对于实用教育而言，其他不同的教育都是必要的。他认为高等教育最主要的要素是彻底性和适合性，不能让学生把宝贵的时间浪费在劣质的或不合适的教育上。面对当时美国大学医生教育和律师教育等专业教育在这方面存在的严重不足，乔丹认为解决这一问题的办法是大学应该加强通识教育，扩充专业教育的知识，打破专业教育与通识教育之间的隔阂，然后在此基础上进行彻底的专业教育，提高专业教育的标准。在美国资本主义商业蓬勃发展的时代，乔丹认为不能把高等教育仅仅看作是一个商业问题，不能把教育看作是一种可以进行买卖的商品，他对大学的商业化和庸俗化行为以及大学为了营利的目的只顾招生数量而不顾学生质量的做法进行了批判。

5. 乔丹认为大学应该重视科学研究，大学教师应该成为研究者。乔丹是19世纪末和20世纪初最为杰出、最有影响的美国鱼类学家之一。他多次进行渔业调查活动，即使在担任校长职务之后，也仍然坚持进行科学研究和教学工作。乔丹指出大学的功能是自由探究和传播真理；大学应该成为研究中心，成为新的真理的来源。他对过去大学没有参与科学的进步或对科学的进步不感兴趣以及当时美国大学科学课程的低劣进行了批评，强调促进科学或扩大知识应该成为大学的理想。乔丹认为大学的性质是由教师所确定的。大学可以建筑简陋，但是大学里一定要有伟大的教师。他认为一个有崇高理想的教师一定要成为一位研究者，将来大学最重要的教授可能是那些把他们全部的时间和精力都用于高深研究的人。他们将确定大学高水平的学术标准，将帮助大学建立大学精神。换句话说，如果大学教授没有原创性的研究，那么他在大学中就不应该有一席之地；做无创见的或二手学问的教师是缺乏理想的教师。不仅如此，乔丹认为高等教育应该让人直接接触真理。大学教师可以通过展示自己对真理的重视来向学生传授真理的价值。教师应该是学生灵感的来源，引导学生尽其所能在已知的领域做到最好，鼓励学生在更大的未知领域进行探索。

6. 乔丹认为大学必须重视对学生进行道德教育。他认为大学生作为受过高等教育的人，应该是思想健全，意志坚定，具有宽容、正直、诚实等道德品质的人。他们是国家最宝贵的财富。因此大学对年轻人的道德教育负有不可推卸的责任。大学应该帮助学生树立崇高的理想和明确的人生目标，让学生过上有价值的生活，始终朝着自己所追求的有价值的目标前行。他批评大学中部分学生存在放纵生活、浪费时间和不劳而获等恶习，强调勤奋才是幸福之源，大学生应该形成自我控制、自主自立的能力，要求已经上大学的年轻人应该积极度过大学生活，努力实现自己的目标。

乔丹是19世纪末和20世纪初美国大学“巨人校长时代”的伟大校长之一。作为当时的公众人物，乔丹向大学生和教师以及社会公众发表演讲，既是在履行大学校长的基本职责，同时也是在承担其个人对国家和社会发展与进步的社会职责。乔丹对上述主题的论述不仅反映了他作为大学校长的高等教育思想，而且所论述的主题本身也反映了当时美国高等教育的发展状况。因而这本演讲集既是了解乔丹高等教育思想的重要文献，同时也是了解19世纪末和20世纪初美国高等教育发展历史的重要文献。

需要注意的是，由于乔丹受其所处时代的影响和其本人思想的局限性等主客观因素的制约，他在演讲中论述教育问题时存在着鄙视体力劳动和体力劳动者等下层民众、歧视弱小种族和民族的思想，以及多处引用了宗教方面的内容。这些思想和内容在今天看来不仅与我国所倡导的社会主义核心价值观相距甚远，而且与国际社会所倡导的主流价值观也有着明显的背离。因此，希望广大读者对此加以鉴别和批判地阅读。

CONTENTS

目录

1

高等教育的价值[①]

① 1892年，在加利福尼亚州夫勒斯诺（Fresno）市加州教师协会上的演讲。

我今天所讲的内容是说给你们年轻人听的。我的要求就是希望你们接受高等教育，为承担生活的责任做好更全面的准备，这一要求像我确信如何去达成它一样强烈。我对我演讲的对象非常了解。此时此刻，在你们面前是你们要面对的忙碌世界中的生活和责任，我或者任何人能给你们最好的建议就是："去上大学。"

可能你会说："这四年是我人生中最好的时光。如果我将这些时间和金钱用于上大学的话，那么上大学的好处一定是巨大的。上大学能为我带来什么好处呢?"

如果你具有良好的基础，上大学能给你带来许多好处，因为我们不能把高等教育强加于毫无准备的人。从大学出来的愚蠢的人、纨绔子弟和逃避责任的人，就像进入大学时一样多。他们沉浸于知识的源泉，就像鸭子潜入了池塘里，但是他们走出校门时，就像那些鸭子钻出水面身上不带一滴水一样一无所获。大学不会为你做任何事情。大学仅仅是你赢得属于自己的高尚的男子气概或女子气质的帮手之一。不管你是怎样的人，你必须成就你自己，而积极度过的大学生活是获得所有美好事物的最大帮手之一。

所以，如果你学会正确地利用大学，下面就是大学能够为你做的事情：大学将使你接触过去的伟大思想，那些肩负着向年轻男女传播思想使命的伟人们贯穿各个时代，从柏拉图到爱默生，从荷马和欧里庇得斯到席勒和布朗宁。你的思想将不会被现今狭隘的闲言碎语所限制，各个时代、各个地方的伟人将会成为你的挚友。你将学会感受希腊人所说的"哲学的慰藉"。从每天的琐事转向大师的思想，正如走过喧闹的街道进入教堂的大门。如果你学会去开启这些大门，世界上将没有任何力量能从你手里夺走大门的钥匙。你的整个人生必须用于丰富自己的思想，只有受过良好教育的人才是他自己最好的朋友。无知的人只能狭隘地看待生活，对于世界的认识只能是坐井观天。

大学可以带你直面自然的主要问题。在对自然法则的学习中，你将学到比书本上更多的东西。你将学会严肃地面对重大的问题。虽然你知道在你获得任何答案之前，过去的许多代人一定都对你要解决的问题做出过微小的贡献，但是你仍要学会耐心地致力于寻找这些问题的解决方法。

你的大学课程将会使你接触到那些在思想上有增强和鼓舞人心作用的人。理想的大学教授应该是社会中最好的人。他应该是个一点都不刻薄、卑鄙或小气的人。他对于学生来说应该像《大卫·科波菲尔》（*David Copperfield*）中的艾格尼丝（Agnes）一样，"始终指着前进的道路"。

说实话，我们都是这样一种人。我认识的大多数大学教授都是很有人情味的人。在许多方面我们一直郁闷、贫困和卑微。如果我们曾经拥有你们早期受教育的机会，那么我们中的许多人可能不会成为现在的样子了。然而，虽然大学教授可能是不切实际的、迂腐的、僵化的人，但是他的心地却是非常善良的；他不是唯利是图的人，他的理想在于教育和进步。我们将使思想的火炬持续燃烧，你们20世纪的年轻人将携带着这些思想火炬登上山巅。

在我们中间处处都有理想的教师、未来的教师和自身通晓自由教育的教师。这些年我已经遇到了一些这样的教师，路易斯·阿加西（Louis Agassiz）、查尔斯·弗雷德里克（Charles Frederick）、哈特（Hartt）、阿萨·格雷（Asa Gray）、乔治·威廉·柯蒂斯（George William Curtis）、詹姆斯·罗素·洛厄尔（James Russell Lowell）、安德鲁·迪克森·怀特（Andrew Dickson White）等等。我们国家还有更多这样的教师。花上你生命中的十年时间去很好地了解一位这样的教师是非常值得的。加菲尔德（Garfield）[①]曾经说过，一根原木，马克·霍普金斯（Mark Hopkins）[②]在一端，他自己在另一端，这也许就是一所大学。不管你上什么大学，即使这所大学可能是贫穷而弱小的，但是在某种程度上，你会发现有人对你就像马克·霍普金斯对加菲尔德一样影响巨大，认识了他将会补偿你所有的损失。联合学院的诺特（Nott）博士曾经说过，他“接收的是其他学院视为垃圾一样无用的人，但是把他们送回社会的时候他们却成了有用之才”。这就是他对年轻人的影响。

此外，不能高估同学之间交往的教育作用。这是千真万确的，到处都有一些没有骨气的、经济困难的或被家庭溺爱宠坏的年轻人，结交了坏朋友，他们离开大学时的境况比入学时更糟糕。这些人是教育的失败者。无论我们多么惋惜，都阻止不了他们的存在。但是，他们是绝大多数中的极小部分。大部分苹果的内核是没有虫蛀的。一般的学生是为了一个目的进入大学。在和他的交往中你不会损失什么，相反你可能收获更多。我们的大学生是这个时代最好的年轻人。他们塑造彼此的性格，影响着彼此的工作。许多上过大学的人会告诉你，在大学能够给你的最重要的东西中，在学校中形成的友谊最有价值。在德国的大学中，

---

① 加菲尔德（James Abram Garfield，1831—1881），美国第二十任总统，19世纪50年代曾就学于威廉姆斯学院。1871年，在威廉姆斯学院的校友晚宴上，加菲尔德向霍普金斯致敬，他把一个理想的大学定义为霍普金斯和一个学生在一间小木屋里。在约翰·詹姆斯·英格尔斯（John James Ingalls）的作品中，人们更广泛地认识到这一警句，其中“一根原木”被替换为“原木小屋”。——译者注

② 马克·霍普金斯（1802—1887），美国教育家。——译者注

“对自由精神的同感”被认为是他们伟大的高等教育系统中最重要的元素。

许多伟大的天才在孤独寂寞中产生和成长，就像不断蔓延的野草莓树在树林中生长一样。诗人们歌唱是因为他们的灵魂充满了音乐，而不是因为他们在学校学习了各种感情的音阶。但是，在科学、哲学和人文学科中，所有的伟大著作，一直都是始于研讨他人的著作。

曾有一位中国皇帝颁布法令宣称自己是始皇帝，所有的历史都要从他开始，仿佛在他之前应该是洪荒时代。人类的工作和人类的经验不是从我们开始的。我们必须知道在这之前已经做过什么。如果我们想要走得比先辈更远，我们必须知道他们走过的路。如果我们想比先辈看到更远的未来，我们必须站在他们的肩膀上，就像侏儒站在巨人肩膀上一样。科学、哲学、政治学一刻也不能忽略过去。

大学可以使一个人变得更强大。大学帮助一个人获得最好的能力并将其能力提高到第二级、第三级或者第十级，就像我们在代数中所说的指数级提高一样。为了用同一个模式教育所有学生，一些大学试验了在学习中强调统一性，并且其中某些大学仍然在这样做，这种情况是千真万确的。对不起，大学一直是保守的、守旧的机构。落伍的老人在落满灰尘的图书馆中一直试图使年轻人像他们一样冷淡和沉闷。大学一直是强调容易方便超过缜密深入，强调记忆超过理解，强调口若悬河超过诚恳真挚，强调一致性超过原创性，强调呆板过时的辩证法超过当前充满生活气息的作品。罗马皇帝的权杖已经化为乌有，但是“罗马学校校长的惩罚仍然施于我们身上”。

但是，不管你如何评价旧方法，它们通常都能实现伟大的目标。大学已经将目标放在一致性上，而大学并没有获得一致性。学生的个性冲破了僵硬的课程。“男儿当自强”（The man’s the man for a’ that）①，自强的人意味着他要做一个更能体现人类品格的人，因为他是受过教育的人。

受过教育的人敢于按照自己的信念做事，因为只有他才有真正的信仰。他知道应该如何形成信仰。对他所信仰的东西他拿得出自己的证据——不是因为这一信仰是他所在教会的信条或他所在政党的纲领。因此他把自己视为社会中的一个个体，而不是一打人或者一百个人中的一部分——这些人的观点是根据所在小镇在地图上的位置而形成的，或者是根据党派的要求而形成的，因为他们的前辈们也是这样做的。“看清事物的本质”是受过教育的人最大的荣幸之一，帮助他人看清事物的本质是他能向社会提供的最重要的服务之一。但你可能会说：“这一切也许都是极好的、正确的，但这并不适用于我。我不是天才；我永远不会成为一个学者。我只想能生活就行了。所受的教育能确保我去一所乡村学校教书，或者去开车，或者记账，这样我就很满足了。任何一种学校都能很好地满足这些要求。”

梭罗（Thoreau）说：“年轻人带着他积累的材料想去建造一座通往月球的桥梁，或者在地球上建造一座宫殿或寺庙。然而，最后，人到中年的时候却决定为他自己建一个棚屋。”

那么，为什么不在一开始就计划建造一个棚屋，节省被浪费的时间和材料呢?

---

① 引用自“A Man’s A Man For A’ That”，著名苏格兰诗人罗伯特·彭斯（Robert Burns）1795年发表的著名诗歌。诗歌中极力赞美无论如何贫穷我们都要保持做人的尊严，不贪钱财，不惧权贵，不能丢失洞察真理的睿智，这才是做人值得自豪的品格。——译者注

其实年轻人的这个想法是非常好的。这些材料的积累会使年轻人变得强大，这也许是他摆脱懒惰、摆脱恶习的手段。只要你努力地建造通往月球之桥，你将会远离酒馆，我们就不会在街角杂货店前面的谷仓里见到烂醉如泥的你。我知道很多人在童年时仅仅打算建一个小木屋，但是后来他发现只要他有材料的话，他就有能力建一座寺庙。世界上许多成功人士愿意付出自己的一切，以弥补其缺少早期教育所带来的损失。在某个高尚的方面有抱负，对于年轻人而言是不会有伤害的。在思想单纯的青少年时期，抱负是所有美德的集中体现。缺少抱负意味着从一开始就失败了。没有任何追求、不求上进的年轻人就如同行尸走肉。他毫无希望可言。

年迈的旅行家拉菲内克（Rafinesque）告诉我们，当他还是个孩童的时候，他读了《库克船长航海记》（*The Voyages of Captain Cook*）、《帕拉斯航海记》（*The Voyages of Pallas*）和《维兰特航海记》（*The Voyages of Le Vaillant*），因为渴望成为像他们那样伟大的旅行家，他的心灵被激起了巨大的热情。他简要地补充道："因此我成了这样的人。"

如果你对自己说，"我愿成为一个博物学家、一个旅行家、一个历史学家、一个政治家、一个学者"，如果你从不放弃它，如果你在这个方向上全力以赴，充分利用一切能够帮助你实现目标的那些有利条件，并克服所有不利条件，那么将来总有一天你会实现你的目标。如果你知道自己要去哪里，全世界都会为你让路。

米拉博（Mirabeau）说："除非我们在任何事情上、在任何地方都能取得成功，否则我们为什么应该称自己是人呢？不要说什么'这有失我的身份'，也不要认为任何事情都超出了你的能力。对于一个有决心的人来说，一切皆有可能。”

你可能会说：“大学教育要花很多钱的，而我没有钱，所以我上不了大学。”

这是无稽之谈。如果你有健康的身体和足够的能力，而且没有人依靠你养活的话，你就不会贫穷。在这个国家，年轻人可以依赖自己的力量，没有什么比这个更幸运了。机会并不都在富人儿子的手里。在我那个年代，许多现已取得杰出地位的大学生，很少有在读大学时不缺钱的。我记得我的母校康奈尔大学的学生寄宿俱乐部，被叫作“为生存而奋斗”（Struggle for Existence），简称为“奋斗”（The Strug），从这个俱乐部毕业的有思想的人，比这所大学里其他任何单一的团体都要多。

那些一直努力开拓、独立谋生，并且懂得生活不易的年轻人，他们比富人更有优势。他们进入外面的世界，没有奢侈的习惯，没有懒惰的嗜好。当你做出一些努力就能使你获得一个金汤匙时，含着银汤匙出生是没有价值的。现在，毫无抱负的年轻人在无所事事中所浪费的钱，足够让有抱负的人接受教育了。富人的儿子在进入大学时可能比你准备得更好。他可能穿着更好的衣服。他毕业的时候可能更年轻。但是穷人的儿子可以通过投入更多的精力和更坚定的决心来弥补失去的时间。他从懵懂阶段逐步进入了已知的世界。他已经与伟大的对手较量了一番并赢得了首次胜利。这算作是第一次奋斗。

但是，这并不是贫穷帮助了一个人。食物匮乏或衣服破旧并不是美德，是努力使他摆脱了贫穷的束缚，增强了他的力量。使心灵获得自由的不是艰苦工作，而是努力实现目标。如果穷人躺在犁沟里说：“我不想干了。我将一辈子一事无成。我太穷了，如果我等到赚到了钱，那么我将会太老而无法上学了。”如果你这样做，我会说你真的会一事无成，而且在以后的生活中，你将非常乐意以每天一美元的工钱替富人清理花园和铲煤。

我曾听说在威斯康星有一个穷人，他每天赶着一头母牛去牧场赚取半美元的工钱。他整天都在看着牛吃草，然后晚上再把牛赶回家。这就是他所做的一切。把你的半美元放在这里，去上大学吧。大学里一个人与另一个人是平等的，一个人可以与另一个人一样使世界变得更加富裕。如果不是为了这头母牛，这个世界根本不需要那个人！①

一个年轻人可以没有贵族的血统，但他不能没有为了生计付出诚实劳动的男人和女人所形成的血统。他们的血液里流淌着勤劳的本能。博物学家告诉我们，一代人的习惯可能会被下一代所继承，然后重新成为本能。无论是否真实，我们知道的是：懒惰很容易遗传。金钱或运气不会降临到懒惰的人身上，因为他的邻居都是勤劳的。最近一代拓荒者身上的勤劳本能仍然存在于你们的血液之中。西部拓荒者的儿女们，你们拥有最好的血统。你们一定要充分发挥自己的才能。如果你们不能在四年内接受教育，那就花上十年时间。这是值得你努力的。在你做好准备之前，你在世界上的位置将一直为你预留着。不要说我对坚定决心的影响期待太高，也别说我给你的建议将会导致你失败。因为失败的人永远不会下定决心。在你们之中命运不济的人是那些永远不愿尝试的人！

我刚才说，你不能把高等教育强加于毫无准备的人。这种尝

① 19世纪末20世纪初，美国高等教育属于精英教育，能够接受高等教育的人数非常有限，大学生主要来源于较为富裕和有一定社会地位的家庭。作为那一时期的大学校长，乔丹的教育思想中仍然存在着鄙视体力劳动者和社会底层人民的时代烙印。——译者注

试做了多次，并且每所大学都在试验，但几乎每次都失败了。不过那又如何呢？试一试也无妨。几百美元对做这样的试验来说并不算多。这个试验试图把一个男孩锻炼成一个男子汉，否则这个男孩今后可能就是在浪费生命。

但是，如果一个非常富有的家长让孩子去接受非常廉价的教育，并且使其以后的一生因此受到限制和阻碍，我们该说些什么呢？这就是现在加利福尼亚州成千上万的父母正在对他们的子女所做的事情。二十年后，加州数以万计的男人和女人会因为目光的短浅和判断的狭隘而责怪他们的父母看重那些微不足道的金钱，轻视通过智力训练让他们获得能力。毕竟金钱来得快，去得也快。

卡莱尔（Carlyle）说："对于一个已经去世的人来说，如果他过去是个博学之人而没有发挥出自己的作用，我把这个称为悲剧。"

另一件永远不应该被遗忘的事情是：大学教育不是计划让一个人无须工作就能够生活。它的目的是帮助他获得好处——使每一次尝试都有价值。我曾经听过一位父亲不时地说："我一生都在努力工作。我要使我的孩子接受教育，这样他就不用像我一样不得不做苦力了。"这个男孩进入社会后不用像他父亲那样干苦力了。但是每一次的工作结果都让男孩失望，因为他所获得的男子气概直接取决于他的努力工作。假如，他的父亲说："我的儿子也将成为一名工人，但是我将让他接受教育，这样他的工作对他自己和对人类来说，都要比我的工作对于我更加重要。"并且男孩和他父亲一样坚持这种观点的话，他的工作结果可能会远远超出他们的期望。那些被送去上大学的男孩们往往不会有什么出息，而那些要去上大学的男孩们往往能成为未来的领导者。

弗雷德里克·丹尼森·莫里斯（Frederic Denison Maurice）告诉我们："所有的经验都反对这样一种观点，即培养一批善良的普通人的方法就是不提任何更高的要求。我知道大学培养出来的学生十分之九一定是做苦工的。但是，如果我把所有的学生都培养成这样的话，这样的人就会严重过剩。要追求一些更崇高的目标。要让你们的教育制度能够培养出伟大的人物，这样你们的小男孩身上将会有一种你们难以想象的男子汉气概!"

爱默生（Emerson）说："你每天都会在你的周围听到一些不够严谨的格言。你会听到你的第一要务是获得土地和金钱、地位和名声。人们会以嘲笑的方式询问'你寻求的真理是什么？美是什么？'然而，假如上天召唤你们中的任何人去探索真理和美，那你就大胆、坚定、诚实地去探索吧！当你说：'因为别人这样做，我也这样做。很抱歉，我放弃了我早期的愿景。在下一个更舒适的季节来临之前，我必须吃掉这地上的美食，让学问和浪漫的期望一边去吧。'然后你内心的那个人消失了。艺术、诗歌和科学的嫩芽再一次枯萎，就像它们已经在成百上千的人中凋零了一样。这个选择的时刻就是你命运的转折点。"

但是你可能会问我这个问题："大学教育的花费可以单独地看作是一种金融投资吗?"

我必须再次说是可以的。但学者很少把自己的能力看作是一种金融投资。他可以做比致富更好的事情。正如阿加西对波士顿出版商所说的那样，学者会说："先生，我没有时间赚钱。"

但是在民众中，受过教育的人获得更高的薪水倒是千真万确的。在每个领域，从足球到政治，总是科学赢得竞赛。脑力劳动高于体力劳动，脑力劳动在任何市场上都比体力劳动更有价值。

有思想的人当老板，老板比他指挥的体力劳动者拿更高的薪水。[①]

乔治·威廉·柯蒂斯说过："我曾经听说博雅教育不会促进生活的成功。烟囱清洁工也可能会这样说。没有受过教育的他能上到烟囱的顶部！他挥舞着扫把，唱着歌从烟灰中逃到阳光下。但是，成功的理想可以审视'没有博雅教育也可以取得成功'这句话的价值。如果把积累财富作为标准，我们必须承认一个人在没有受过教育的情况下可能会有一百种发财的方法。但是，没有纯洁的生活，或者高尚的品格，或者崇高的信仰，他也可能发大财。一个人为了金钱可能会付出非常高的代价，但并不是每一个获得金钱的人都了解金钱以及其他财富的相对价值。毫无疑问，埃斯拉·康奈尔（Ezra Cornell）和马修·瓦萨（Matthew Vassar）没有上过大学，但他们在生活中成功了。他们的成功是什么呢？现在你们还能从哪里看出他们的成功呢？当然不是在他们的财富中，而是在于对他们的深切怀念中，因为他们认识到教育的价值是不可估量的，他们把教育机会给予了其他没有机会的人。"

前段时间，堪萨斯州立大学校长利平科特（Lippincott）写信给该校的每个毕业生，要求他们简要地说说他们从大学生活和工作中所获得的好处。

我引用其中几个回复给你们听听：

毕业生A说："我对学校的热爱随着我在学校的关心下学习每一节课而增长。我在学校学习了五年时间，我成了一个更加忠

① 为了突显高等教育的价值，乔丹在演讲中经常拿受过教育的人与没有受过教育的人进行比较，其教育思想存在着对体力劳动者和社会底层人民的歧视，具有时代的局限性。——译者注

诚和更好的公民。”

毕业生B说：“与其他方式相比，教育使我在社会中获得更高的地位。”

毕业生C说：“用教育成本一百倍的钱去交换我接受教育所带来的好处我也不愿意，无论是对堪萨斯还是对我自己。”

毕业生D声称：“上大学是我在经济上做过的最好的投资。”

对毕业生E来说，上大学使他“与本州最聪明的年轻人结下了深厚的友谊，那些人对其命运肯定会有很大的影响”。

毕业生F说：“大学给了我在这群人中的地位和影响力，没有上大学的话我根本无法实现这一切。”

毕业生G说：“我成了更好的自己、更好的公民，在本州获得了更多的实际利益。”

这就是堪萨斯州的情况，这种情况在各地都存在。对于年轻人来说，大学教育的确值得花钱，无论从哪个角度来看，你们可能都会选择重视大学教育。

当我还是纽约西部农场里的一个小男孩时，有人力劝我的父母送我上大学，他们问：“当他大学毕业后他将从事什么工作呢?”一个朋友说：“不要介意工作的事情，他总会找到很多事情去做的。在同行中高居首位总是有机会的。”在同行中高居首位总是有机会的！美国拥有各种各样的职业，但是从业的群众主要集中在职业阶梯的底部！

我们为美国的公立学校制度感到特别的骄傲和自豪。免费学校坐落在美国北部的每个交叉路口，并且正在快速寻找进入大片新南部地区的路径。每一分努力都是为了使民众获得教育。如果连上层社会都没有获得教育的好处，那么穷人不得不为此付出代价。没有哪个阶层一出生就受过教育和拥有权力——没有世袭的上议院。我们的学者和我们的领导人是人民的学者和人民的领导人，他们来自人民。与其他任何国家的民众相比，美国的计划正在使我们成为一个智慧的民族。美国北部各州冷漠或无知的人要比英国或者德国或者法国少，但是我们的领导人要比他们差。对于我们这一代人而言，我们中受过教育的人比这些国家中任何一个国家都要少。我们的政治家在格莱斯顿（Gladstone）或俾斯麦（Bismarck）身边就像孩子一样。我们都对美国式“政治家”太熟悉了。直通华盛顿的各个方向的铁轨每四年都会留下其返回的印记。他是我们国家的笑柄，也是我们国家耻辱的标志！我们一直忙于砍伐树木和开垦牧场而忽视了教育我们的子女。因此，除了机械发明之外，在文学、科学、哲学等所有方面，美国人一直满足于留下平庸的记录。

现在的情况已经好一些了，因为在过去二十年中年轻的美国已经大步走向所有这些领域的前沿。但在任何程度上这种情况的出现都是不应该的。我认为，世界上没有哪个地方像美国一样拥有如此众多的、有成为学者和政治家潜力的人，没有哪个地方像美国一样拥有如此丰富的、有智慧和活力的本地人，但是他们常常把自己浪费在没有价值的目标上。记者萨拉（Sala）说：“世界上没有哪个地方像美国一样有如此多的人才散布于各地。”换句话说，没有哪个国家有如此多的、由于缺少适当的教育而无法在生活中发挥作用的、有天赋的人。

在加利福尼亚州大大小小的培训学校里，近两千名年轻人聚集在一起为教师职业做准备。其中，五十个学生中没有一个在学校里学习足够长的时间去获得博雅教育的基本知识。晚餐的时间仅有十五分钟，学生之间缺乏必要的交流；五十周的时间就完成了教育，学生受到的教育严重不足！最差的那些学校有上百位求职者在申请工作，但是当一所真正的好学校想要一位能够胜任工作的教师时，竟然无一教师可用。我们必须广泛地寻找这样的教师，对于他来说，当前每个月五十美元的合约似乎不如一位学者获得各种重大的机会重要。我们许多年轻的教师正在这方面犯着错误。我们的教师职业对于受过教育的人的需求，每年都在增长。每年都有许多文化程度不高的教师被挤出他们的职位，给那些更年轻的掌握了未来几年所需要的教育知识的人让路。你想要成为什么样的教师呢？是做一个具有一定文化基础并且随着岁月流逝而不断成长的人，还是做一个没有内涵但能一直坚持下去，成为教师职业的负担，直到最终挨饿的人？为某种失败做好准备有什么用处呢？一鸟在手胜过十鸟在林。你无法承受如此低价出售你的未来。

据说，公共教育的总体目标是提高民众的素质。这个目标是好的，但是当这个人的能力高于民众时，就要有比这个目标更高的目标。个性化教育就是要使个人从民众中脱颖而出，从民众中发现这个人。我们看到一群有上千人的士兵在行军，他们是一群衣服和装备都相同的民众。听到鼓的声音或军官的命令，他们就像一个人在移动。不久以后，在战争中急需一个人站出来领导一些敢死队员，在面对危险的时候做出勇敢的行为。这个人从民众中脱颖而出，他所受的教育就显现出来了。在行军中他和其他人没有什么两样，但在遇到困难的时刻他能脱颖而出。在别的地方、在其他方面也是这样的，因为对这种人的需要不仅仅发生在战场上。

现在大约有五万名男孩在加利福尼亚的田野上玩耍。哪一个将成为加州下个世纪的伟大人物和品德高尚的人？哪一个将把我们州的酗酒者和政党分肥制的支持者（the spoilsman）拯救出来？哪一个将成为甜蜜和光明的中心？以至于众人都说："住在加利福尼亚真好啊！"加州的美好不仅仅是因为有讨人喜欢的气候、山脉、森林、海洋和数以千计的美景，还因为加州的生活是最美好和最真实的人与人之间的生活。加州仍然需要去创造这一纪录，我相信你们中的一些人会身体力行地帮助它得以实现。

这五万名男孩是将来民众中的一部分。让我们尽可能地教育他们。让我们好好地养育他们。让我们把他们送到学校。让我们使他们变得聪明、智慧、干净、诚实、节俭。他们中的一些人将分布在各地成为未来民众的领袖。让我们使他从民众中脱颖而出，或者给他一个机会提升自己，因为灌木丛中的松树无须外界的帮助，其树头就可以超出树丛和漆树。从民众中脱颖而出，他们是充满活力的男人和女人，这是高等教育的使命。

在医学方面，美国仍然是庸医的天堂。在法律方面，美国到处是不择手段和骗人的律师，以及从事这种"细致工作"的从业者；好律师的数量从来没有满足过需求。在教育方面，没有哪个国家像美国一样到处充满了伪善和欺骗行为。我们学校的目录读起来就像是专利药物的广告。它们能"治愈各种皮肤病，一瓶足够！"在美国，位于十字路口的专门学校以及哈佛大学或约翰斯·霍普金斯大学都叫"大学"。"教授"这一称呼，乡村校长、理发师和溜冰场经理都可以用。加州一半的学士学位证书通过法律许可授予了那些不能通过任何像样的中学考试的人。这些文凭不会让它们的持有人高贵起来，反而会使美国毕业生让人瞧不起。

美国人生活中易犯的毛病之一是，他们乐意将很小的事物冠以很大的虚名——他们对哄骗欺诈行为的容忍。每个专业学者的使命是打击欺骗行为，向人们揭示"表象后的真相"。气枪就是气枪，即使其他每个人可能说它是机关炮！随着我们国家越来越成熟，空话连篇的人将会减少。如果不是这样的话，那么就让我们更多地去揭穿他们吧！

大学为年轻人的道德和宗教教育做了什么呢？让我们来看看吧。如果你们的大学假定承担着“代替父母”（in loco parentis）的责任，手里拿着棍棒，鼻子上戴着小眼镜，那它在道德教育方面就不会起多大作用。对惩罚的恐惧将不会使年轻人变得有道德和虔诚，更不用说像不遵守大学纪律这样容易逃避的行为惩罚了。

如果你们的大学声称要成为一所改革学校，你们的教授是警探，你们的校长是警察局长，那么学生们将会有足够多的事情让他们去做。一所大学不能代替父母。如果它声称能这样的话，那它只不过是自我吹嘘罢了。只有通过给他更高的理想和更严肃的人生观，使他成为一个男子汉，才可能把一个男孩严重的恶习和愚蠢的欺骗治好。你可以通过激励而不是恐惧取得成功。

阿加西拿他在慕尼黑大学的十几名同学为例，告诉我们这样一件事。你能猜到多林格（Döllinger）[①]博士抓到过他们中的每一个人在考试中作弊吗？跪在威廉斯敦（Williamstown）干草堆纪念碑下的三名年轻人——我们外国传教团（Foreign Missions）的创始人，是因为害怕大学教师所以宁愿选择干草堆而不是台球室吗？“学者应该是自由的，自由而勇敢的。”“轻微的约束可以帮助控制大学里的偷偷摸摸和势利的行为，这些行为是对大学男生和女生的侮辱。”大学是为了对男女学生进行教育而存在的。

在宗教事务上大学也是如此。大学在宗教事务方面可以做很

① 多林格（1799—1890），德国神学家、天主教神父和教会历史学家。——译者注

多事情，但不是通过规章制度来强制进行的。大学不会通过强制学生到教堂或参加祷告会来使年轻人变得虔诚。它不会通过任何记过制度唤醒学生天性中的精神因素。大学可以为宗教文化所做的事情是：它可以加强学生对真理的探索。它可以通过消除幼稚的行为从而鼓励学生形成男子气概。让学生的思想自由自在。让他证明一切，他会坚持择善而行。给他提供与他人交流的信息，当他离开你的照顾时，你不必为他担忧世俗、情欲，甚至魔鬼的影响了！

我们说这是一个务实的时代，我们用质疑的眼光看待梦想和理想。我们现在要问：教育的价值是什么？基督教的价值是什么？爱、上帝、善、真、美的价值是什么？好像所有这些东西在我们的城市市场上都有出售，有的有点陈旧，正在亏本出售。

维克多·谢尔布列斯（Victor Cherbuliez）说："我的儿子，我们应该在年轻的时候保存一些荒诞的热情，否则，我们将带着一颗空虚的心灵抵达旅程的终点，因为我们在旅程中就失去了很多热情。"

我相信，所有高等教育最崇高的使命是用热情，用人性、工作、生活的崇高理念去填补年轻人的心灵。应该教育他认识到生命是有价值的；没有一个过着有价值的生活的人曾经怀疑过这一点。应该帮助他树立如何才能使生活变得更有价值的抱负。应该帮助他相信爱、友谊、信仰、奉献是真正存在的，并且在男人和女人身上都能体现出这些品质。他应该学会去了解拥有这些品质的人，无论是现在还是过去，他在生活中将受到他们潜移默化的影响。他应该制订自己在社会、科学、艺术、宗教方面的工作计划。即使在一生之中，他可能远远达不到他所制定的目标，但崇高的理想必须优先于任何有价值的成就。

生活中的理想或信念一定是努力工作和生活以实现某个目的的决心。它必须在行动中表现出来。如果用理想来代替努力，那么对思想和心灵都是有害的。被意志控制的愿景和梦想可以看作是知识或力量的独立来源。

仲夏时节，我曾爬过犹他州的一个山坡，当时山坡上的每一棵草都被太阳烤成了黄色的碎片。我俯视山谷，可以看到一片片翠绿的草地穿过田野，一直延伸到湖边。虽然我看不到水，但我知道小溪在那里；因为没有小溪帮助的话，小草是不会长出来的。人类社会中的学者也许就像这片炎热的平原上的小溪。

我俯视挣扎中的男女，我看到了疲惫的灵魂，失落的雄心，“那张憔悴的脸，在激烈的财富竞争中消沉而颓废”。

不管在何地，我都在追寻着生活中的某些绿色，沿着这条绿色带我看到涌现出来的所有事物都是美好的、高尚的。这就是学者的工作。在他的道路上，所有的东西都是美丽和真实的——自然的爱、人类的爱、上帝的爱。学者最重要的特权在于“伸出援助之手”。学者走过的人生之路包罗万象，其中有的经历可能会对别人有所帮助。他可能不会再走那条路了，他为邻居所做的事必须是在邻居所在之处来完成。最崇高的生活已经留下了许多印记，不仅在文学或历史领域，而且在人的内心深处。“如果教师要教育别人的话，那么他一定要使自己受到更多的教育。教师的影响不取决于他说了什么，也不取决于他做了什么，而取决于他是一个什么样的人。他无法比自己更伟大或更高尚。如果他自己不是一个高尚的人，那么他就不能高尚地进行教学。”[①]

不久前，威廉·洛·布莱恩（William Lowe Bryan）教授说：

① 哈罗公学校长韦尔登博士（Dr. Weldon）的话。——原文注

“两个夏天以来，在南部印第安纳县的一个邻近地区，我偶然发现了一个男人的踪迹。这些踪迹非常明显和清楚，就像一个地质学家在消失的冰川中所希望看到的那样。那个男人离开那里已经好多年了，但是他所留下的思想和品德依然清晰。很久以前，当时一个没有接受过专门培训也没有接受过推广教育（extended education）的十八岁男孩，他去了杰斐逊县教书。他做什么，他说什么，他用了什么方法或教科书，他读了什么书籍或杂志，我毫不知情。但是如果你今天去那里，你会在那个社区里、在各个阶层和各种状况的人们之中找到最令人满意的证据，表明这位男教师是一个诚实、真诚、精力充沛和鼓舞人心的人。”

因为我走遍了我们的这片土地，所以我发现到处都有显示人类生活过的痕迹。当了解了某个小城镇的内部历史时，我们或多或少会发现它的儿女们已从过去的生活中获得了灵感，我们可能会发现在它的边界之内曾经有人生活过。

我最后要说的是：不管是好是坏，你都要上大学。你的目标是什么？这个问题的答案很简单。尽你所能做到最好。你只有一次机会接受大学教育，你不能把这个机会浪费在三流或四流的学校上。只有一样东西能使一所大学强大且有用，那就是要拥有一个有专长而又严肃认真的教师。没有其他事情比这更重要的了。

教学楼、学系、博物馆、课程、图书馆、学校手册、名称、数额、规章制度这些东西无法形成一所大学。是那些从事教学工作的教师形成了大学。无论你想去哪个学系学习，都要去大师们所在的学系。

认真审视接受教育这件事情，因为它具有重要的意义。在任何一个州或县，无论在什么名义或管理下，你都要到学校接受教育，这样才会最有利于你的目标，才会给你能够支付的费用以最佳的回报。不要止步于与普通大众为伍。去寻找那些知识渊博的人，寻找那些能引导你超越基本的细节性知识进行思考和从事研究的人，而进行思考和从事研究正是学者的工作。

比你要学习什么更重要的问题是，谁将是你的老师。教师不应该像留声机一样在懒惰的男孩名字后面标上黑色记号。教师应该是灵感的源泉，引导他所在领域的学生达到已知范围内最远的极限，鼓励他们在更大的未知领域进行探索。伟大的教师总是对与他接触过的每一个青年产生巨大的影响。

让学校为你做它所能做的事情；当你承担起严肃的生活责任时，让你自己在社会中的工作和影响为高等教育发出最强烈的呼吁。

2

大学课程的演变[1]

① 1887年，在印第安纳大学协会上的演讲。

近来一位研究德国教育体系的作家抛开他的研究主题，对美国教育体系进行思考，后者最显著的特点，简单地说就是缺少体系。美国教育体系的每个特征不是一个明确的整体的一部分，其有序或无序视情况而定，在其发展过程中很少考虑它与其他体系的关系。

我们的学院在其起源和传统上与英国类似；我们的大学从德国吸取了灵感；而我们的高中和职业学校是土生土长的——前者是公立学校制度的产物，后者是商业企业的产物。这种发展中出现的混乱因为名称的乱用而变得更加引人注目，例如我们对“学院”和“大学”不加区别地使用。在美国，许多所谓的“学院”其主要工作是教授语法和算术等基础知识。“大学”通常被认为是通过增加一所师范学校、一两名法学或神学教授、一个经费自给的“音乐学院”而形成的。

尽管在名称或形式上都有点古怪，但是可以承认存在着一种特定类型的学校，或许我们可以称之为“美国学院”。由于地理位置的不同、对于宗教过度热心或热情不足、为了生存而斗争的紧迫性，这一类型的学校有许多不同形式。普通美国学院最大的苦恼，不是与黑暗的巨大的蒙昧时代做斗争，而是为了传统意义上的生存而斗争。换言之，美国这个新国家对高等教育的资助并不慷慨；而且，高等教育的资助金一直是用于建立学校而不是发展学校——建立了许多薄弱学校，而不是使几所学校变得强大。为什么出现这种情况有多个原因，为什么这种情况是可取的也有多个原因，但是这些问题我现在不想讨论。相信适者生存的法则迟早可以纠正所有这类错误。我只想说，我们承认美国学院的存在，承认这种学院拥有或多或少明确的学院课程。现在我想谈谈美国学院课程的变化。

我不打算详细讲述清教徒登陆时把课程的种子从英国带到美国之前的历史。我们可以追溯到英国亚里士多德哲学构成学院课程的时代。当时所有课程是由一个拥有广博知识的教师来教授的。这位教师在大多数情况下是通过听写进行教学。学生记下这位教师以前抄写的旧书内容。他的作用仅仅是在古代手稿与其之后的复制品之间充当一种交流的媒介。

随着文艺复兴的到来，语言成为一种文学修养，拉丁语课程以及后来的希腊语课程出现了。拉丁语和希腊语课程作为文学课程在引入学院课程时，被认为是异端，是极其危险的。这两门课程都受到当时保守派的全力抵制。文艺复兴之后，随着时间的推移，英国大学的课程出现了，包括三门基础课程，即希腊语、拉丁语和数学。美国学院课程就是英国这一课程的“直系后裔”。

在我们大多数人开始熟悉美国学院课程时，学院课程其实已经明确下来，具有了悠久的历史，并且从与其所依据的理论相一致中获得了某种尊重。学院课程的基本思想是智力训练。实现这一思想的方式在很大程度上是通过使学生把令人分心的和无关紧要的现实排除在外，集中精力于过去那些伟大的、美好的、难以理解的东西。学院课程的主要内容包括语法和数学训练，这种训练的结果，通过校长对哲学家们那些在他看来是安全而有价值的推测进行最后的阐述，而联系在一起。这种训练持续了整整四年——其原因很古老，甚至早已被人遗忘。而在这之前进行的一定量的练习——这些练习几乎都相同，被认为是以后工作的必要准备。

无论我们认为这样的课程对我们自己或对我们的儿女是否可取，我们都不可能不怀着一种尊重的态度看待以前的古典课程。古典课程是以教育理论为基础的，其提倡者也忠于这一理论。只要男孩的分班（pigeon-holes）按照统一的规模和质量安排好，这一制度就是完美的。这一制度不太完美显然是人性的错误，它为教师的工作提供了一个多变的对象，并通过统一的过程使他们获得非常不同的结果。这些变化是我们所熟知的，不需要解释。我们知道有一些男孩的天然“食物”是希腊词根。有一些人的梦想是以圆锥曲线展开的，他们对有限的或无限的渴望总是遵循一定的抛物面或椭圆曲线。对某些人来说，西塞罗浮夸的句子是诗的言语。还有一些毫无审美品位的人，在友情的阳光下成长和发展，不受书本和好读书的人的烦扰和影响。对所有这些学生来说，以前的古典课程带来了满足感，他们在普林斯顿、哈佛或阿默赫斯特（Amherst）度过的时光是他们生命中最辉煌的日子。这些人常常努力给自己的孩子提供同样的教育，因为他们发现这样的教育使自己感到非常满意。

但是还有其他一些学生不太喜欢学习，他们在这些环境中感到不安。对一些人来说，黄鹂的鸟巢结构比贺拉斯（Horace）[①]颂诗的结构更加奇妙，更有诗意。还有一些人在现代历史、文学或哲学中发现了他们从以前的历史、文学或哲学中无法汲取的灵感。与这个灵感比较，学校的语法训练似乎是一件没有趣味的事情。因此，许多我们现在认为在文学或科学上取得伟大成就的人，在他们毕业的大学里受到了很低的评价——如果他们确实毕业了的话。因为大学课程相关的评分标准很少考虑人的心灵，而只考虑了大学纪律所要求的温顺和规范——这些美德本身没有什么秩序可言。而且，由于这些品德，无论是真实的还是虚假的，它们并不是在未来的生活中唯一能赢得成功的品质，人们开始相

① 贺拉斯（前65—前8），古罗马诗人。——译者注

信，大学的荣誉意味着未来的失败——大学的毕业致辞者是后来再也没有被提起过的人。这个普遍的错误很容易被统计数字所推翻，只有足够的事实才能阻止它被遗忘。

毫无疑问，古典课程对许多人来说是一种强大的文化力量——也许对于受其影响的大多数学生而言更是如此，但它并不是对所有的人都是如此。文化是一种难以捉摸的事情，对你而言获得文化的方法是有效的，对我而言这种方法可能就没有什么效果。因此，在旧体制中，有些人从来没有获得文化，有些人仅仅是私下里在对外部世界的研究中获得了文化。人们抱怨说，在这一套拉丁语、希腊语、数学和哲学的课程中，并不是所有的课程都是有用的。许多抱怨是不公正的，因为高等教育不是学习贸易，其目的也不是使接受高等教育的人能够谋生。然而，有一些抱怨是有道理的。一个人所接受的某些教育，除非在某种程度上与他的未来成长有关，否则对他就没有多大价值。在离开学院之后，数以千计的学生再也不看拉丁文书籍了。如果他们在阅读拉丁语方面获得的能力能让他们更好地理解未来的学习，或更深刻地洞察生活中的问题，那么不再看拉丁文书籍也没关系。如果这些知识没有给学生提供任何提升洞察力或理解力的帮助，那么问题就大了。这种情况下，关于贺拉斯和荷马的知识就与背诵米提亚人（the Medes）和波斯人（the Persians）的法律，或者按照顺序列举中国历代皇帝或法国所有国王一样是无用的。知识之树以其果实而闻名。霍姆斯（O. W. Holmes）法官说："我非常憎恶那种以无用的知识方式存在的文化。"

现在，对于那些获得了文化的人来说，学院课程已经实现了其目的；对于那些没有获得文化的人来说，学院课程没有实现其目的。学院课程是好是坏，不在于课程本身，而在于课程的结果。说什么“它能满足所有人的需要”或“它不能满足任何人的需要”，对我们而言是无益的。这些对立命题的讨论对于教育问题的解决益处不大。

爱默生说：“古典语言有着极好的结构之美，保留着美好的传统遗风，这些特点吸引并将总会吸引各个国家的某些观点一致的人——希腊人和罗马人去学习它们；但是，由于醉心于古典语言的用法，他们坚持要求所有的人都要学习古典语言。曾经（大概两个世纪前），拉丁语和希腊语与欧洲所有的科学和文化有着密切的关系，而数学只是对某个时代的自然科学具有短暂的重要性。这些内容因为教育而变得刻板，人的行为举止也是如此。然而，优秀的人物从来不喜欢学院，虽然现在学院中所有的男生都在练习掌握拉丁语、希腊语和数学，但是这种练习已经完全使他们陷于困境，并在社会的其他方面产生和助长了另一些问题。”

因此，随着岁月的流逝，其他文化领域的创造者越来越强调他们的主张。不同科学领域的工作者每年都在不断增多，并且更加活跃。他们打开了天地万物的伟大前景，看不到这些前景的人很可能会对文化产生怀疑。文献学、历史学、哲学，除了得到可靠的、年长的大师认可的学科之外，每个学科都提出了自己的主张。这是现代欧洲文化的巨大财富。美国的公民必须熟悉一些有关促进国家繁荣的法律，人民教师应该掌握一些有关教学方面的理论。当学院课程不包括这些学科的时候，要求允许这些学科进入学院课程的声音却不绝于耳。如果所有的学科都被允许进入学院课程，那么相同的课程就会变得像一辆美国的马车，只有站立的空间，没有转身的余地。

学院应该怎么办呢？把这些学科拒之门外，它们做不到。因为排除所有的现代课程和现代观念，与当前的现代生活脱节，实际上是拒绝了所有的学生。不管是对还是错，学生都需要这些课程，美国的学院迟早要提供学生所需要的课程。供给必须满足需求，否则就不会有需求。尽管不是很确定，但很有可能的是，作为教授，我们比学生更清楚什么内容对他们是好的；但是，除非我们能够说服学生，否则我们必须在很大程度上让学生按照自己的方式去确定将要学习什么内容。我们可以看到他做得很好，我们可以在很多方面帮助他，但他的努力方向必须最终由他自己来决定。

在这方面，美国的学院与英国或德国的同类学校所处的地位不同。英国或德国的学院是一个明确的体系的组成部分。如果大众的需求在理论上被认为是不符合需要的，那么它们的财政资助使得它们根本不需要特别关注大众的需求。此外，英国的大学文凭与德国的大学学位一样，是获得社会、教育和政治领域权利的通行证，而没有大学学位的人则无法获得这些权利。因此，在这些国家受过更高教育的阶层中，进入学院、高级中学（gymnasium）或大学学习是理所当然的事情，这种情况远远超过美国。美国的学士学位甚至博士学位，都不含有任何这种名副其实的权利。从长远来看，这对美国来说是好事，但事实并非如此。如果学生认为学位就是他们在学院所能得到的唯一的东西，那么，我们的学生很少有人愿意为学位而学习。因此，在美国，一般的学生去上大学或被送去读大学是为了从学习中获得有益的东西，而不是为了毕业。而且必须使他相信，或者必须使他的父母相信，上大学的好处是真实存在的，否则他就不会去上大学。这样，由于美国的学院在运行的环境方面与欧洲不同，美国的学院在改革课程和使课程现代化方面往往会比欧洲类似的学校更快。

许多策略已经被用于解决现代课程问题。有些人认为这些策略是多余的，或者，以一位纽约学院校长的话来说，是“配料”(side fixings)，它们把以前的文学学士荣誉学位考试留作学术大餐中最丰盛的部分。但不管这些现代课程数量多么有限，它们的存在削弱了以前的课程的力量。两个物体不能同时占据同一个空间，即使其中一个物体被严重挤压，这是一条物理定律。这些学科和其他学科一样将要受到挤压。因此，一部分旧课程必须被淘汰，一部分新课程必须在与旧课程或多或少完全平等的基础上被接纳，否则必须允许某种程度的选择，使学生可以在新课程和新课程之间或新课程与旧课程之间进行选择。

另一个可能的解决方案是不删除任何一门旧课程，而是延长课程的授课时间，将每门课程添加到学院课程中，直到每门课程都受到适当数量的学生关注为止。但这种办法无法很好地实施。因为美国学院课程的固定期限是四年；而且学习期限很随意，没有任何理由支持它，可能也没有成功的论据反对它。此外，我们生活在匆忙的时代；对我们的学生来说，时间就是金钱，这是他们中一些最优秀的人仅有的金钱。对于那些接受了学院教育的大多数人来说，即使是传统意义上的四年，似乎也是他们成年后在学校中度过的很长一段时间。

有段时间，我们试图以各种方式去协调新旧教育。但一般的美国学院最终调整自己进入了课程史的第二个阶段，为方便起见，我称之为“混合”的阶段（“the patchwork” stage)。在这种安排下，大多数高等数学课程已经从学院课程中被淘汰了，希腊语课程被削减了，拉丁语课程也是如此；而其他学科，或多或少被勉强承认。这些学科的数量和种类，很少由任何预先安排的计划或根据任何一种明确的教育理论来决定。事实上，每个学院都有一定数量的教授——教授职位的数量由董事会根据学院的实际需要或预计需要，或者根据得到认可的候选学科的实际要求或预计要求来决定。然后，在教师会议上，每一位教授都提出自己的要求，并根据适者生存法则和少数服从多数原则，获得他所能得到的课程。因此，每个学院的课程设置都成为不稳定均衡（unstable equilibrium）状态下多种力量共同作用的结果。课程不是根据学生的教育需要而改变，而是当一个教授在学院中让位于另一个或多或少比他更积极或要求更强烈的教授时而改变。

在这些混合课程中，偶尔也能看见一些娴熟技巧（master-hand）的痕迹——某种极其愚蠢的方法——这表明有人试图想出一个主意。但我认为这种情况是很少的，并且在大多数课程的安排中，最多只是考虑了权宜之计和折中的应急之策。在一门学科数量过多的课程中通过相互对立的学科代表之间的竞争，以妥协的方式，确立了不同的课程，在每门确定的课程中都假定某个学术流派将具有优势。在一些学院，这些不同的课程已经被赋予完全平等的地位，但是，在多数情况下，这或多或少给支持古典课程，尤其是远离科学课程的教授带来了正面压力。我认为这是很好的事情。因为在我们大多数学院里，科学的教学仍然是严重不足，对于科学教学的主要目的——通过对第一手材料的运用培养判断力完全没有任何价值。只要科学还处于沉闷乏味的罗网中，学生最好不要去学它。只要科学的分支是自由的，它都将坚持自己的立场，无论那些不把科学视为教育中的一个因素的人所施加的压力是什么。换句话说，一位称职的科学教师从来不需要去抱怨其前进道路上的障碍，因为机会都在他这一边。我相信其他任何一个学系里称职的教师也是一样的。一个不断成长的人会走向成熟，但即使是霉菌也不会在化石上生长。大约十五年前，我听到一位学院校长夸口说，虽然他的学院还有另外两门课程，但是四分之三的学生仍然坚持学习古典课程。我的问题是：“你有哪些科学课程在教学?”没有什么值得说的。

正如我所说的，我不认为一般的学院课程是任何一种教育理论、任何对课程的相对价值的欣赏的结果，也不是任何关于如何安排这些科目的最佳顺序的想法的结果。这一点我们已经在课程的第二阶段知道了。我自己参加这些课程的制定工作太多，使得我对它们没有多少敬意。这些课程仅仅是试图把最多的话题放在最小的范围内的结果——将十年的学科教学压缩成四年时间。一组学科在课程上的优势，反映的是一些教授在那些研究领域的优势。学科这一观念，在学院的低年级或多或少是重要的，但通常在三年级和四年级已经被完全忘记了。德国学术界的观点认为，一切力量的源泉是专注，或者如爱默生所说的那样，“在生活中一个审慎的人是专注的；一个邪恶的人是放荡的”——这一观点完全被抛弃了。这个理论带来的说法是，学院不是任何形式的缜密工作的地方。它的目的是为学生提供广泛而全面的文化学习的平台，培养人们“坚定不移的品质”，这种文化来自对许多事物略知一二，但却伴随着对任何事物都不透彻的了解。的确是这样，学生想要完全了解一件事的愿望被定性为“过度专业化”，引导学生以同样的热情去学习不同的课程——物理、逻辑、希腊语或历史——对每门课程都同样感兴趣，同样浮于表面。对教科书的学习受到了高度重视，当一门学科的基础知识和几个初步定义差不多能完全背下来时，据说一门学科就学完了。这样一来，就出现了普通学生对所有课程都漠不关心的情况。如果学生被激起了对一门学科的短暂兴趣，那么这个兴趣一定会在几天内逐渐消失，因为这门正在考虑中的学科已经让位给其他学科了。队伍在急行军的时候，如果学生要保持自己在队伍中的位置，他就不能四处闲逛。

据说开设这门课程的理由是，学院的职能是提供各种知识学习的体验。学生可以尝试一切，并选择他最喜欢的学科，未来的工作也以此为知识依托。彻底性是对男人而言的，而不是对男孩子而言的，它是毕生事业的一部分，而不是学校学科的一部分。但是，学院的各种影响都远离了这一目标。我们从来没有告知学生坚持学习的价值。给学生教学的教授并不是专家。他们从第一手资料里一无所获，他们在各个方面都低估了一个人所知道的东西所带来的力量。所以，他们仅仅教授定义、分类、名称、日期和通常是零碎的作品。学习这些内容几乎没有吸引力，因为教授的工作就是述说，而不是研究。与这种情况类似的是，大约二十年前，阿加西谈到哈佛学院时说，它不是大学——“只是一所受人尊敬的高中，在那里他们教授的是知识的渣滓”。伊利诺伊学院的一位系主任候选人给董事会提出的要求是，必须允许他有一定的时间从事研究。结果他没有当选，因为董事会说他们不需要那种必须研究其所授课程的人。他们想要的是一位已经知道他必须教什么的教授。但是，一个满足于从别人那里学到的东西的人，永远不会成为一个伟大的教师。只有亲身接触自然的人，才会引导他人去探寻真理。

库尔特（Coulter）博士告诉我们，真正的教师应该是“本专业的权威，而不是地方权威——任何假充内行的人都可能成为地方权威——但是，只有他同行中的佼佼者才能成为学科中的权威”。他继续说：“这样的人将会有足够的力量成为富有成效的人。有人把教师的全部工作看作是一个水泵，只是从某些水库抽满水，然后他可以向小水罐注水直到装满为止。这种看法可能是真实的，但是严重贬低了教师的身份。教师应该是一个常年清水不断涌出的泉眼，是知识供应的中心和来源。那些在自己的领域既没有工作能力也没有工作热忱的人，不仅不适合教学工作，而且也成不了他的学生重要灵感的来源。想象一下两位教师在课堂上的差异：一位小心翼翼地给学生塞满了他想要灌输的二手信息；另一位则洋溢着对自己的思想和工作的热情，他离开了一会儿，作为一个艺术家，他手里拿着调色板和画笔，向学生解释他正在绘制的一些名画的优美的内涵。一位教师是严格的监督人，另一位教师则是鼓舞人心的人。”

我很清楚对研究存在着一种言不由衷之词，就像对宗教和所有其他美好的事物一样。例如，德国到处都是在做研究的年轻人，不是因为他们“被要求去探索真理”，而是因为研究是一种时尚，在新的领域取得显著进展是获得晋升的先决条件，因此他们深入探究科学、语言学、哲学和历史学中的各个问题，然后他们几乎是自动地将一个个小小的成果生产出来，好像他们就是数量众多的挖掘机。真正的研究者是天生的，不是人为制造出来的，这种对过去历史和原始资料缺乏创见的探究与真正的研究者的工作之间的关系，就像拉格比公学和伊顿公学的拉丁诗与维吉尔和贺拉斯的关系一样。然而，事实上，没有一个依靠传递他人知识的人（second-hand man）能成为一位伟大的教师。我非常怀疑是否有任何一个真正伟大的研究者曾经是一位可怜的教师。他怎么会成为这样的人呢？阿萨·格雷（Asa Gray）[①]在离开教室几年之后，仍然对学习植物学的学生产生极大的激励作用。这样的人给每一个在他影响范围内的学生都留下了伟大的印象。

---

① 阿萨·格雷（1810—1888），19世纪美国最重要的植物学家之一。——译者注

混合课程制度的一个缺点是缺乏持续的影响，即，当一门课程在几周之后上完时，该课程就结束了——好像任何一门学科都可以在学院的一门课程中完成！如果把第一学期或第一学年用于任何一门学科的学习，就不会产生上述问题。混合课程制度提供的仅仅是学科的纲要、学科的零碎知识和缺少精髓的轮廓，未来的学习必须在此基础上不断充实，使之变得有血有肉。文化不等于任何特定学科或一系列学科的知识，也不是开设这些课程所采用的任何常规或方法的结果。文化的本质特征在于其拥有者对世界和对世界上曾经或能够想到或做到的最好的事物所持的态度。它的核心特点是生长。学生从其消化的内容中获得营养。一位博学的女教师说："一个有教养的妇女可能对很多东西一无所知，但她永远不会停止生长。"有教养的男人也是如此。对于成长中的男女青年来说，没有哪个机构能像一位伟大的教师一样，具有如此有效的影响。我刚刚引用的作者说过："学生学到的所有东西中最重要的是这种微妙的品德影响，这种影响使高等教育的本质不同于仅有广博的知识，就好像葡萄的清新气味不同于从绵羊皮中发出的气味一样。"在美国所有学校中，对美国科学教育产生最大影响的一所学校，开办于距离海岸大约十八英里一个无人居住的海岛上的一个旧仓库里。这所学校仅仅维持了三个月，实际上只有一个教师。位于佩尼凯斯岛（Penikese）的这所学校存在于阿加西生活的时代，在阿加西去世之后，这所学校也消失了。

正如我所说的，课程混合阶段的最终理论是课程的文化广度。学生应该掌握每件事的原理，世界上任何地方都不应该有不能理解的事物，学生任何心智的发展都不应该以牺牲其他心智为代价。但一般来说，以牺牲其他心智为代价的发展，其结果往往是混淆不清而非获得文化知识。心智的基本原理永远无法获得。就心智训练而言，这一课程的几乎每个结果都明显低于旧的古典课程所获得的结果。在课程不断扩充和现代化的过程中，课程的清晰度作为一种手段丢失了。根据贝恩（Bain）教授的说法，这一变化中唯一真正的收获是“古典主义的控制放松了”。另一个变化也许是，许多从旧课程中一无所获的人，在合适的教师指导下，从这种新的课程中有所收获。但是，关于在这一课程制度下由教授或学生所完成的大多数工作，我曾在我们学院举办的一次展览会上听到的一种批评还是比较中肯的：“男孩们需要的是学习得更深入一些。没有什么比深入探究更合适了。”

美国大学课程正处于从历史上的第二阶段向第三阶段转变的时期。选修制的出现是这种转变的标志。在大学四年中要学习每样东西，甚至是学习许多东西都是不可能的。任何形式的彻底性都与所谓的混合时代的文化特征的广泛性相矛盾。文化的真正广度来自生活的广度，这是大学的四年生活所无法给予的。当选修制全面实施时，它包括以下内容：（1）为大学课程做准备的全面而充实的心智训练课程——衡量这门课程的标准是它对学生的学习能力和观察能力的影响，而不是学生死记硬背学习的语法、代数和修辞学的数量。（2）就学科的地位而言，在大学课程中所教授的所有学科的地位都是平等的。

选修制所依据的理论可以简要地陈述如下：因为不存在要求两个学生做完全相同的工作，因此选修制的目的在于使他们把大学时间用在最有优势的学科上。大学生最了解自己的需要，或者，不管怎样，与事先根据任何委员会或任何教育哲学家的共识来安排其工作相比，大学生能够更好地安排自己的工作。学生在这方面可能会犯错误，就像他可能在生活中其他更重要的事情上犯错误一样。但在这件事情上也和其他地方一样，他必须承担这些错误的责任。培养学生承担错误的责任感是大学提高学生道德修养的最有效的作用之一。对学生来说，有时犯些错误可能要比他在工作中被其他人任意地指挥更好。自由对于学术与男子气概一样重要。不久之前，我遇到了一位年轻的德国学者，他是普鲁士一所高级中学的毕业生，已经注册成为美国一所大学英语专业的学生。对他来说，美国学校的自由氛围是一件好事。美国学校在青年期就开始培养学生自力更生的男子气概，而在这个年龄，德国高级中学的学生仍然像幼儿一样受管教。德国学生在某些固定而狭隘的领域进行最好的心智训练的过程中，丧失了来自自立和个人责任的活力。毫不意外的是，随着选修课制度的出现，对制订严格的大学纪律以防范传统学院中学生各种形式的顽皮行为的要求已逐步减少。

选修制还能够使学生接触到最好的教师——这是一件远比他可以选择最好的课程更加重要的事情。因此，这一制度涉及教师自身之间的良性竞争。教学能力不足的、浅薄的或顽固不化的人，将被排挤或淘汰掉。与在自然界中其他地方一样，适者生存的法则将在大学教师中起支配作用。

选修制已经或多或少地被大多数主要的学院所采用，无论规模大小，现在很少有学校没有为选修课做过一些准备。在高等教育中允许某种程度的选择自由是可取的，现在已经没有人会质疑了。存在的主要分歧是关于这些选修课程应该占那些完全必修课程多大比例，以及关于选修课程应该在多大年龄开始，增加的幅度应该多大才是安全的，因为没有人主张从婴儿期就开始有选择的自由。世界上没有完美的课程，所有的大学课程在某种程度上一定代表着不同势力之间的妥协，或者为了适应某一类学生的需要而将其他学生的需要排除在外。所有的规则都容易被滥用。有许多学生把古典课程上成闹哄哄的闹剧，有的学生只不过把选修制当作将四年大学时间用在划船、打台球或社交娱乐上的一个借口，因此选修制所允许的自由同样变成了一场闹剧。

选修课制度的几个主要缺点可概述如下：

1. 有些学生，纯粹因为懒惰，仅选修最简单的课程，尽可能最不费力地读完大学。但是这种现象不是现在才有，大学的存在也不是为了这些学生。大学不应该为了阻止学校中的懒汉和行为不端者浪费时间而妨碍认真的人学习。正如安吉尔（Angell）博士所说："没有任何计划能使懒惰之人的大学生涯变得辉煌……大学学习的安排应该满足认真的和有抱负的学生的需要，而不是满足懒惰之人的缺点和毛病。"事实上，并非大多数学生选择最容易的课程，统计数据确凿地说明了这一点。实际上，如果为了重要的目的以认真的态度去选修课程，那么要求任何课程都容易学习简直是荒谬的。如果任何学科仅仅是因为其本身容易学习才吸引了懒惰之人，那么这个错误在于教师。和任何制度一样，选修制的成功要求开除不称职的教师。除非每个教师都有能力和意愿去把工作做好——把所有懒惰的或不称职的学生从他的班上开除，否则选修制可能永远不会完全成功。

2. 人们再次提出反对的理由是，学生有了选课的自由后，很可能会根据临时的突发奇想而不是根据任何教育发展理论来选择那些不确定的课程。这种反对的情况也是真实存在的。但是同样真实的是，似乎最不确定的课程也许是能使学生接触到最敏锐的教师的课程。如果几年前一个哈佛大学的学生所学的大学课程仅仅是植物学、胚胎学、希腊语、解剖学和早期英语，这似乎是一种奇怪的组合。如果说这位学生的大学老师主要有阿萨·格雷、古德温（Goodwin）、霍姆斯、洛厄尔和阿加西，那听起来就大不相同了。我认为，学生对自己所选择的普通课程能够进行认真思考辩护是真实的，就像已经开设的普通课程是由普通的大学教师经过持续努力、改变主意、解决争论和达成一致的过程发展而来一样。

3. 另一种批评是，选修制对不适当的或不成熟的专业化产生了诱惑。这种情况是真实存在的——像其他各种形式早熟的功效一样，有很多不成熟的专业化遭到了反对。但经验并没有使我想到“不适当的专业化”的损害是极其严重的。当前，无论是在大学之内，还是在大学之外，所有的人都在向不同于过去的方向开创新风尚。一个人毫不畏惧成为专家，表明他具有一定的自主性，因为有了自主性才有成功的机会。专业化意味着彻底性，我认为对某些事情的深入全面的了解是文化的基础。对每个人而言，任何一种特殊的知识都给其提供了可以用来测量其他成就的基准；而且在学术上这种测量的单位无法以其他的方式获得。我认为，如果没有某种形式的专门知识或专门训练作为其核心，那么专家的称呼就毫无学术的价值。学者的自尊来自深入全面的工作。相信自己可以了解一些事情或做一些事情的人，可以确保自己会远离膨胀的自负或无力的谦逊的危险。他会在人群中抬起头来张望，从而确定自己在其中的适当位置。

我经常听到大学毕业生抱怨：“哦，要是我学习了一些特别重要的学科该多好啊！”“哦，要是我已经学会了如何学习该多好啊！”“哦，要是我把浪费在学习拉丁语上的时间花在其他学科上就好了！”“哦，要是我把浪费在别的事情上的时间用在学习拉丁语上就好了！”如果把当前这一代大学生学习的课程删除一半（减掉一半不会有多大影响），并且把时间用在余下的学科上，那么他们中的大多数人都会成为更优秀的学者。但是你可能会说："难道你要让一个人毕业的时候对化学、拉丁语、逻辑学和植物学一无所知吗?"哦，没错，这种选择的结果就是学生对每件事物的了解都很肤浅。对于一个学者来说，有必要对所有这些事物以及对最广泛的课程中的每门学科都有所了解。但是，如果他获得这一知识是以牺牲对自己真正感兴趣的某个研究领域的彻底性为代价的话，那么他所付出的代价就太大了。

然而，对大学里的某些人来说，这种选择要么是彻底的专业化，要么是根本就没有大学生活。有时一个人可能希望在大学里把他的全部时间都用在一门学科上——比如物理学或历史学，使自己成为那个学科的权威。如果他没有在文化的广度方面做出任何的努力，这往往不是一种明智的做法。但是，不管是否明智，没有人会否认以这种方式度过大学生涯总比一无所获要好，而且多年之后这些人很少会成为给他们母校丢脸的人。我认识一个有点名气的博物学家，大概十五年前他被所在的州立大学开除了——不是因为他懒惰、道德败坏或者能力不足，而是因为他想把大部分时间花在研究自然史上。这所大学当时没有职位留给这样的人。这所大学不需要有关鸟类的学问，而是声称在不规则动词研究方面很强势。但是，这所大学现在却以他为荣，在十二年后授予了他学校曾经拒绝授予的学位。谁还会说让他离开大学要比允许他做自己感兴趣的事情更好呢?对一个研究者来说，他对所有的知识都欢迎，但是没有哪个研究者经得起为了文化的广度而牺牲他的专业。毕竟，精通某个学科才是重点，应该比多才多艺更为重要。我并不想让你们认为我是一个提倡赞同狭隘性或提倡任何形式的文化狭隘性的人。对渴望在任何一个学术领域处于领先地位的人来说，最广泛的教育一点儿也不广泛。但是需要指出的是，理智的力量不应该分散到非正式领域，而应该导向获得领导才能的方向。

选修制常常被忽视的一个优点，就是对教师所产生的内省式的影响（reflex influence）。如果好教师是好学校的基本要素，那么任何有助于使他的工作变得更好、更深入或更激励人心的东西，对于学生来说都是最有价值的内容。在很多情况下，世界上最伟大的教师并不是也不可能是严格的训练者。依据现实而工作的人不可能成为一个严格执行纪律的人。在选修制中，教师与那些喜欢他的教学工作，或喜欢他本人而选修了他的课程的学生相处融洽。同这些大学生接触能不断地给教师带来激励和鼓舞。没有哪位教师能在任何时候对必修课都竭尽全力，而学生能获得的最大好处在于他的教师，这是学生应得到的权利。

还有很多人认为，学院只有学科才是所有工作的主要目标。在这样的学校里，那些能最好地服务心智训练目的的学科——语言学、科学和哲学才应该开设，而且只应开设这些学科。不论是否已经发现了比古典学科和数学更适合这一目的的学科，我都不会试图这样说，但这门课程的目的应该在本质上与古典课程的目的相同。也许，与传统学校的教学相比，现在的大学可能会以更好的方法教授更好的内容。但是就心智训练而言，将必修课中的智力训练与广泛的学科结合起来的所有尝试一定会失败，因为你无法把所有的东西都教给每个学生——学生或大学必须进行选择。

4. 还有另外一种对选修制的批评正好与这种观点相对，即选修制可能会导致课程的过度分散。它允许学生很快地从一门学科转向另一门学科，因而学生获得的是多种技能而没有得到真正的训练。在我看来，这是比其他任何错误都要更加严重的错误。

这种错误可以通过主修课和辅修课制度，或者将这门学科划分为必须花相当长时间来学习的专业课和可以在初步掌握其基本内容后就结束的选修课，从而部分地进行弥补。在我看来，像这样的安排是一种可取的检查选修计划的手段，因为它易于确保对某些内容学习的持续性，同时保留了后一种制度的大部分的灵活性。

在我看来，我们大学制度的一些最薄弱的特点，集中在传统的四年学期制度和传统的学士学位制度方面。鼓励学生为了获得学位而不是文化知识来学习，学生的所有学习都是根据数量而不是质量来评价。在理想的情况下，学生的学习根本不应该被评价。分数和学期是拙劣的设计，它们更适合测量堆积的木材而不是文化水平。学位是学完某些规定的内容的正式标志，但是这些内容必然是永远无法学完的。因为大学不是一架把智慧和知识填充进学生大脑的机器。大学至多是一个自我教育的地方。所有的文化知识都是通过自我教育而获得的，否则它根本就不能被称为文化知识。图书馆、仪器、博物馆甚至教师对学生都是无用的，除非学生使用它们。教师对学生给予鼓励和批评，同学同样如此。但是，通往智慧的道路是一条孤独的道路，学生需要独自穿行而过。

我们可能同时存在着对学士学位过分重视或过分轻视的情况：过分重视是因为这个学位本身被看作目的；过分轻视是因为我们国家的每所大学都可以给那些在大学城里住满四年、受到四年“学术影响”的人授予学位。他们把大学课本涂得乱七八糟，如果可以的话，他们会用种种方法使之“符合学校规定”，时间的推移将使他们完成大学生活。此外，我们自称“学生众多的学校”之间对学生数量的竞争，往往会导致实际的要求和那些已经出版的手册中制定的要求之间产生矛盾。因此，采用低标准纯粹是为了数量。在中西部地区，除了声誉好的高校外，所有各种迅猛发展的私立院校，它们在几乎完全没有学术要求的情况下都得到法律授权可以授予学生学士学位。

在课程混合阶段，当大学试图在四年中教授少量的各科内容时，我们发现同样的过程通过进一步压缩，少量的各科内容可以在两年内教完。不久前，我收到了一封来自堪萨斯州一所据称是“大学”的校长的来信——一所上一年或两年的课程就能授予学生学士学位的学校，这所学校可以让学生在任何时间入学，而且也不需要有特别的准备。他说，他把整整一年的时间都用在了各门科学课程的日常教学上，每门科学课程都被依次上完了。他特别焦虑的是在这些科学课程安排的逻辑顺序上不能犯错误——无论这个顺序应该是化学、物理学、地质学、生理学、动物学和植物学，或者如果倒过来，顺序是否会更好。当然，我唯一能回答的是，这个顺序无关紧要，如果他把整个一年时间全部用于这些课程，那么删掉其中任何五门课程，或者至少任何四门课程，然后把他的时间用于剩下的课程将会更好。但是，放弃任何一门科学课程将成为放弃提供博雅教育的借口。我毫不怀疑，除了一学期的天文学课程和一门政治经济学课程外，他最终会找到机会把所有这些课程都安排进去！

我从印第安纳州一所所谓的“大学”的目录中引用了一份关于其为期一年的“科学课程”的说明，该课程产生了一个被称为“科学学士”的学位：“这门课程的毕业生不仅是优雅的演说家，而且也是精准的数学家、有造诣的科学家和有学问的拉丁学者。该系的毕业生获得了很好的职位，在各地以担任领导工作而闻名，因为他们精力充沛、坚持不懈、满腔热情、积极进取”，等等。在一定程度上，“由学院和州立师范学校的长期课程形成”

的所谓“无法克服的障碍”，立即被一扫而光，所有因为学术特权而导致的懒惰和无知的障碍都被一劳永逸地清除了。

我在印第安纳波利斯市（Indianapolis）有个朋友，他是一个在房地产和租赁行业非常令人尊敬的绅士。大约四十年前，他从印第安纳州立法机构获得一份准许他建立一所“大学”的特许状，这所大学有权拥有二十万美元的免税财产，有权“授予所有学位，并享有最受优待的院校所有的权利和特权”。这位先生对同城的市民一直很仁慈。他已经着手办学，但是并没有授予学位，甚至连他自己也没有被授予学位。然而他有合法的权利这样做。这件事表明，我们各州的法律对于授予大学学位太宽松了。这种状况导致了学士学位的贬值，并使美国毕业生的名声蒙受耻辱！

学士学位甚至充其量就是一个空名。在美国和在欧洲一样，学士学位不再是任何个人进步的关键。如果是，当然更好。每个人通过自己的生活来展现他本人的业绩，要比通过任何大学教师的证明更好。莱斯利（J. P. Lesley）博士说：“学生可能会炫耀他的大学文凭，但是世人很少关心婴儿奖章（baby badge）。”在某些教育领域，大学学位也许是一种有用的东西，或者相反，它可能代表了其全体成员所期望的某种最低限度的文化。我们假定大学教授必须拥有大学学位，但是情况并不总是这样。我能从现在美国某些最有才华的大学教师清单中逐一列出一些人，他们没有从任何大学毕业。其中大多数人拥有的是荣誉学位，这是真实的情况；但是，这些荣誉学位对大学各种各样的成就没有做出任何贡献，这些荣誉学位的获得也没有得到大学的帮助。

毫无疑问，获得学位的希望会诱使一些人在大学里待得更久。这似乎是件好事——但它是好事吗？接受高等教育不是为了学位。接受高等教育与获得学位可能是存在矛盾的。诱导学生获取学位是对文化的轻视，不是因为学生想要学位，而是因为他想要别的东西。如果一个学生的学习纯粹是敷衍了事，那么他真的是越早离开大学越好。如果学位仅仅是吸引学生上大学的诱饵，那么它对大学和学生来说都是不值得的。

那么，我们是否应该放弃学士学位，只给每个学生他曾经学习过的教授的证书呢？也许有一天会这样，但肯定不是现在。法国作家朱伯特（Joubert）说过："要识别所有的真相是不容易的，但是如果我们能够完整地知道所有的事实，那么一切都将真相大白。"这句话很有哲理。学位是小儿科的东西，最好把它丢在一边，但是直到我们能一起放弃学位时，我们才可以这样做。大约十年前，伊利诺伊州立大学的校长格雷戈里（Gregory）认为，大学学位是不受欢迎的大学教育的附属品。伊利诺伊大学决定不授予学位。但是这个决定不利于大学的利益。许多来到这里学习的学生，最后去了其他地方完成他们的学业。学位可能是无用的，但是这些学生想要学位，没有学位就难以获得职位；他们就会去其他仍然授予学位的大学上学。我们目前所处的时代还没有为这一改革做好准备，我认为伊利诺伊大学考虑恢复授予学位是明智的。

弗吉尼亚大学和其他一些南方大学也以另一种方式达到了同样的目的。这些学校很少重视或者完全不重视学士学位，实际上，学士学位被合并在更高要求的文科硕士学位中。通过把学士学位和硕士学位并入更高的哲学博士学位中，我们拥有了类似于德国大学的学位，目前德国大学只授予博士学位。我们的大学正趋向于往这个方向发展，通过将学院转变为大学，学士学位可能迟早会消失。但是这种改革——如果它真的需要改革的话——不可能是一个人或一所学校就能完成的，它必须是大学发展的自然结果。

美国学院课程从过去到现在经历了这么多阶段，将来会怎样呢？它的发展会有第四、第五、第六阶段吗？或者说，这个课程制度现在已经成熟了吗？就我们所知的情况而言，选修课制度取得了圆满成功了吗？

我们可以确信世界仍在不停地运转。没有什么东西是一成不变的，没有什么东西是永久长存的，没有什么东西是完美无缺的。随着新的需要和未来新人的出现，将会产生新的学系、新的方法和新的观念。课程的原意是跑道，意指在三十六个月里越过三十六个障碍，然后在终点会被授予一顶月桂果花冠，课程的这种意义将很快不复存在。专业课程已在许多学系中占据了一席之地。传统的四年制学院教育将消失，它长时间以清晰的界线把大学一年级学生、二年级学生、三年级学生和四年级学生区分开来。以后，在不远的下个世纪，学士学位将不再受到重视。与学士学位类似，硕士学位已经行将消亡，而博士学位，这个所有学位中最有价值的学位，也没有不朽的道理。所有这些都是形式，仅仅是形式而已，而不是本质；我们高等教育的本质比那些形式成长得更快。大学的特点、大学的荣誉、大学的课程、大学的学位，与大学的学位帽和学位服以及月桂果花冠一样，它们都属于教育的婴儿期。它们是我们从过去继承而来的一部分——当时学术尚未成熟，学生的生活与现实世界的生活没有关系。

未来的美国大学将是一个自我教育的场所。大学组织最需要做的是把伟大的教师聚集在一起，他们的共同影响会产生他们在孤立状态下所达不到的效果。换言之，大学的作用就是要产生一种大学氛围——就像在各地所有的伟大教师周围所形成的氛围一样。美国各种所谓的学院和大学将逐渐分化为大学和预科学校，发展的方向将最终取决于所能得到的资源而不是学校的抱负。要成为一所大学，需要的是受过更好训练的教授，而且是多多益善，而不是教授拉丁语、希腊语和数学的教师。这意味着学校要比现在支付更多的和更高的薪金。缺少捐赠或者根本没有捐赠的学校是无法完成这件事的。那些有资源发展为大学的学校将会朝大学方向发展。“教学自由”（Lehrfreiheit）和“学习自由”（Lernfreiheit）的观念——德国大学就是以这些观念为基础的，将成为美国大学制度的核心特征。

学院作为我们教育系统中的一个独立因素，一部分合并到预科学校，另一部分合并到大学，最终一定会消失。在我们西部各州，高中和州立大学已经完成了教育衔接。这样，学院已经脱离了教育界发展的潮流。最近教育史上最引人注目的特点是州立大学的发展和公立学校系统的高度繁荣。显而易见，这些州立大学都将发展为真正的大学，这是必然的，它们将无愧于我们的国家，无愧于即将到来的20世纪。

随着时间的推移，我们在美国将达到的情况与在德国所看到的情况没有什么不同，在德国，公立高中或高级中学与大学之间没有任何学校间隔。在公立高中或高级中学里，所有的工作都是规定好的，而在大学中所有的工作都是自由的。在高中与大学的连接中，预科学校的地位绝不能被轻视。一所强大的高中对社区的价值远超过一所薄弱的学院。中学的教学工作为进行各种高等教育打下基础。中学教育应该拓宽和加深，使经验表明属于高等教育附属基础的所有学科都能纳入其中。我无须列举这些学科的清单。未来将会产生它自己的清单，学院的各种努力将无法改变它。但我们可以肯定的是，大学对学生的基本要求将是培养他们学会理解和思考，而不是教会他们机械记忆。为大学教育做准备的最好的学科，应该是那些没有上大学的人的最好的学科。它们是提供能力和技巧的学科，而不是那些仅仅提供知识的学科。

但是，在我看来，这是我们东部和西部学院的主要困难之一。好像没有一所学校满足于做预科学校。没有一所学校满足于为将来在别处工作而培训。每所学院的目的都是实施通识教育，成为一所小规模的大学，一所“穷人的大学”：一所贫穷的大学。用洛厄尔的话来说，就是“公立学校教得不是过少就是过多：如果教育止步不前，那就是教得过少；如果教的内容太深，那就是教得过多。而且，似乎它们教得越多，教育取得更大进步的可能性就越小，因为民主社会的弱点之一是要使比较优秀的人（the second best）感到满意。无论何时，公立学校好像都要很好地满足这一目的，而且要变得更加便宜，从长远来看这是不可能的”。换句话说，高中也处于混合阶段，流行的看法倾向于保持高中不变，通过教育使绝大多数很可能无法继续上学的高中生感到满意。教育制度的发展是自上而下的，只有对真正的大学需要做出响应，合适的预科学校才会出现。按照时间顺序，牛津大学一定在拉格比公学之前建立，德国的大学一定在高级中学之前建立。我认为，美国的高中将达不到德国高中的标准，德国高中的教育无论是在数量上还是在种类上都不比我们最好的古典学院差；因为在美国的教育体系中，大学的教学方法将比德国的要弱。这与我们美国人的素质有关。就其与世界的关系而言，21岁的美国青年更加独立、更加自立，比25岁的一般德国学生更加成熟。整个美国大陆都居住着新教徒；在教育方面，和其他事物一样，每个美国人都是自己的权威。这既有坏处也有好处，事实的确如此，作为美国的教育工作者，我们必须考虑到这一点。

旧的教育形式正在逝去，旧的障碍正在被拆除，旧的束缚正在被打破或被降到最低程度。我们能亲眼看见这一切，是因为它发生在我们眼前，它发生在我们的手中，而不管我们是否愿意。入读学院的男孩子逐渐变为了成年男子，在学院就读的女子现在可以和男子同校学习。不是所有的人都为自由做好了准备，也许，拥有自由的人会强迫他们接受自由。对不少学生来说，严格的纪律是获得学问的唯一途径。但是，尽管存在所有可以想象得到的缺点，我们在美国的学院工作中每年取得的成果都比以往任何时候要好。我们可以确信，美国的学院、美国的大学在未来要远远超过其过去，在各种教育影响中将名列前茅。

3

国家所需要的人[①]

① 对斯坦福大学1894届学生的演讲，发表于1894年12月《大众科学月刊》。

如果民治政府试验能取得成功，一定是你们和像你们一样的人使这一试验取得成功的。美国的未来必须掌握在有修养和有智慧、有自制力和有财力、能够照顾自己和帮助他人的人手中。如果不是由这样的人来管理的话，美国就没有未来。国家建设少不了人们智慧和力量的投入。如果我们是一个软弱而愚蠢的国家，并且由无赖的贵族作为我们的领导人，那么就不会有可以拯救我们的那种所谓的民主政治，就不会有可以拯救我们的那种所谓的美国精神。

有些人认为这就是美国的现况。有些人认为这个曾勇敢经受战争与和平洗礼的国家，将会在困难时期的潜在危险中走向衰落，因为作为一个民族，我们无法忍受由于我们自己和其他人对金钱的狂热追求而产生的精神衰竭。我们知道我们的文化和政府只适合棉花和玉米繁盛的时代。我们知道我们的整个工业系统及其所形成的一部分文化必须从根本上加以剥离并抛弃。我们知道自我控制和自给自足的时代已经结束了。这个国家的人民确实是一群无法无天的人的典型，他们盲目地到处闯荡，吵吵嚷嚷地要求制定法律，使那些以前被上帝和人类的所有律法规定为穷人的人可以成为富人。①

在这个时代，我们需要牢记的是我们出身于勇敢的世系。盎格鲁—撒克逊种族凭借其力量和美德诞生于艰难时代。盎格鲁—撒克逊种族不会轻易被压服；受压迫的受害者一定是其他种族。②生活在美国的我们，构成了这个国家人口的核心，我们是“征服者”的后代。我们这个种族是一个没有被奢靡玷污、没有被宽容溺爱、没有被邪恶腐蚀、没有被压迫打倒的世系。如果不

①② 受时代和个人的局限性影响，乔丹思想中存在着鄙视底层民众和种族歧视的内容。——译者注

是这样的话，今天我们不可能在这里。

当美国诞生时，皇室和贵族政府的时代就到头了。世袭的无所事事已经不可动摇地结束了，他们的权杖已经从无力的手中掉落。上帝说："我厌倦了国王。我不再忍受他们。"当国王们从他们摇摇欲坠的王位上滑落下来时，因为没有其他人的统治，统治权落入到了普通人的手中。权力落入了我们手里，我们这一代人的手里，然后将从我们手里传给你们。此刻，你们要为接受属于你们的权力做好准备，要去学习那些管理的基本规则，学习那些关于人性的规律。如果没有这些准备工作，所有管理肯定会失败；忽视这些准备工作，总是会受到惩罚。如果你们想要保留这一权力，你们一定要比那些国王更加明智、更加强大；否则，你们也会像他们一样失去权力，你们的王朝也将会终结。

一个多世纪以来，普通人统治了美国。他们是如何使用其权力的呢？历史告诉我们普通人做过什么了吗？现在回答这些问题还为时尚早。用一百年的时间来检验如此巨大的试验实在是太短了。在美国，我们已经创造了历史——其中有些是光荣的，有些是不光彩的；大部分是由多次讲述的以前发生的事情所组成。我们也获悉了一些我们没有预料到的事情。我们发现欧洲的社会问题并没有因为对民主的排斥而远离我们。我们发现死亡的人——过去死亡的人不能埋葬，被抛弃在我们的海岸上。我们发现懦弱、贫困和犯罪仍然伴随着我们，无论在什么地方，哪里有懦弱哪里就有残暴专横。我们已经知道，残暴专横的本质不在于强者的力量，而在于弱者的懦弱。我们发现在美国自由的天空下仍有数以百万计的人没有自由——只要这些数以百万计的人还是这个样子，无论是在什么政府或者何种法律的管理之下，他们都永远不可能获得自由。

那么，解决受压迫的办法就是引进更好的人，不会被压迫的人。这是我们父辈们所寻求的解决办法，除此之外，我们找不到其他办法。生活中遇到难题不是使生活变得更加容易，而是使人变得更加强大，这样就没有什么难题是他们解决不了的。当生活因为无知、懒惰和冷漠而变得安逸时，那将是美国悲哀的时代。相比以前生活变得更安逸了；已经是太安逸了。没有奋斗就没有成长。大自然要求人要发挥他的男子气概。如果一个人不把任何精力投入到他的日常工作中——如果他对自己在生活中所扮演的角色没有一点自豪感。他的工作就像是奴隶的工作，他的生活就是在浪费自己的生命。他所遭受的贫困是大自然对他的惩罚，我们对他所遭受的惩罚将无能为力。我们对他的孩子们的责任是务必使孩子们不走他的道路。美国最高尚的工作就是拯救这些孩子。自由国家的一个最重要的责任是教育——睿智的、全面的、普及的教育。这种教育不是对学生的灌输，而是对学生的培养；这种教育过去没有哪个国家曾经提供过，而没有这种教育的所有国家一定会遭受整体的或部分的失败。如果这一代人把这种真正的教育作为遗产留给下一代，注意培养个人的能力和技能，拓宽他们对世界和对生活的视野，那么下个世纪的各种问题将会迎刃而解。集体的劳工问题可能不复存在，在这里每个人都能够为自己而解决好个人问题。

我认为，这种教育是解决所有劳工和社会问题的关键。教育改革是所有改革中最重要的改革。理想的教育必须满足两项要求：它必须是个人的，使男人和女人能够胜任成功的生活；它必须是宽泛的，能够给予男人和女人诸如这种成功可能是值得的这样一种世界观。理想的教育应该给予每个男人和女人那种潜力，如果没有这种潜力，将无法获得成功的生活，因为生活是不可能自由的。有了这种潜力，人们就能够面对困难，因为任何斗争中的胜利者都是那种具有最强持久力的人。有了这种潜力，他就会支持法律和秩序，因为一无所有的人才更可能支持混乱或暴政。每个人都应该拥有一定的财产储备。节俭是一种美德。不懂得节俭的人是不可能长期自由的。事实上，有时候节俭会越过美德而退化为一种贪婪的恶习。因为有些人是贪婪的——他们陶醉于财富和权力——但有时候有人告诉我们财富和权力是罪恶的。有些人认为节俭是愚蠢的，个人所有制是一种罪恶。在我们已知的世界里，自由的人都应该具有潜力，这种潜力可以通过金钱来体现。如果节俭在某时不再成为一种美德，那将是在很久的未来的某个时候才有可能。在此之前，我们盎格鲁—撒克逊种族可能已经消逝，我们的文明也可能被遗忘。完美的奴隶制的梦想一定在世界的其他地方而不是在我们这里已经实现，或者在其他的种族中已经实现。

一个人应该要有一定的能力。如果他能把需要做的事情做好，世界上总是有他的一席之地。他必须要有智慧。如果他充分认识到要成为自己和别人的好伙伴，他还需要付出很大的努力才能成为幸福和有用之人。为了满足这一需要，我们的学校一直在持续地扩大。我们的教育事业与英国有了很大的不同，它不再是培养绅士和神职人员；在美国，使人能胜任不同的职业需要学习。教育是要给普通人提供智慧和适应能力。教育领域的重大改革全部在于消除各种障碍。它们为普通人开辟了新的发展道路。这种形式的大学扩张才刚刚开始，下个世纪大学的扩张仍会持续。我们将会看到教育观念的变革甚至比文艺复兴时期发生的观念变革更大。高等教育将不再是社会地位的标志，生活中任何有用的职业都会受到它的影响。

一个人一定要有良好的道德和坚强的意志。他一定要有好的名声。让别人对我们有好感，这将有助于自我评价。一个没有良好的自我观念的人是不可能自由的。一个人如果认识到他的邻居期望他问心无愧，那么他就会这样去做，就像他喜欢穿着干净的衬衫一样。他一定要有爱心，爱心是通过帮助他人而获得的。“把阳光带给别人的人，自己的生活也充满阳光。”他一定是家庭和友谊的纽带。在美好的世界中有一些事情是有问题的，他将采取措施使世界变得真正美好起来。

当一个美国公民拥有了上述这些素质时，他不需要请求特殊的照顾。他对立法的唯一要求就是不要妨碍他。他不需要任何形式的特殊监护或保护。他会量入为出，而不能量入为出的人是没有权利这样做的。在各种贪婪中，对“免费午餐”的贪婪——想要不劳而获——最容易使人道德败坏，因而从长远来看是最危险的。自由的旗帜永远不可能在一个由不劳而获的人所组成的国家上空飘扬。

既然那样，教育必须采用真正的爱国主义形式——要反映公共利益和公民道德。如果一个国家缺少明智的管理，它会像其他任何市政当局一样失败；当国家理应获得成功的时候国家才会成功。

管理问题是涉及正确与错误的问题，这些问题只能以一种方式加以解决。我们必须以正确的方式解决问题。无论什么问题，如果处理不当，都需要再次进行处理，这是我们最不期望看到的。这种情况是在比较恶劣的情况下出现的，每一个错误的决定都要付出复利的代价。你们可能还记得，每一代的妥协者都在反复不断地解决奴隶制问题。当他们将约翰·布朗（John Brown）带到绞刑台时，他在临刑前这样说：“你们这些所有的南方人，你们最好为解决这个问题做好准备，在你们做好准备之前你们必须再次达成和解。你们现在可以轻易地杀死我。”“现在我很快就要被处死了，但是这个问题仍然没有解决——我指的是黑人问题。黑人问题远没有结束。”

以上就是约翰·布朗所说的话，当时是通过绞死他来解决这一问题的。但是黑人问题再一次出现了。这个问题直到最后“从大炮的炮口冲向了地狱”才得到解决。然后人们发现，对于使用鞭子抽打而流出的每一滴黑人的血而言，使用利剑反而使撒克逊人流出了数千滴的血。

因此，管理问题关系到每一个或大或小的国家问题。它也将关系到关税、财政和行政部门。每一个问题都要妥善解决，我们必须为管理问题的解决付出代价。据说，在联邦各州的法典中有15%的法律条文公然不顾公认的社会和经济科学规律。每一条这样的法律都是国家机体中的毒素。几乎每一条这样的法律都将逐渐形成不断溃烂的脓包。为了治愈脓包的每一次努力都会受到随波逐流的人全力抵制。这样的法律在数量上不断增加——这是目光短浅的立法机关对傲慢的垄断者、无知的蛊惑民心的政客和鲁莽的煽动者的让步所造成的。这种情形必须遏止。马可·奥勒留（Marcus Aurelius）[①]说：“与罪恶或无知或鲁莽妥协，他们的子孙将会受到奴役。威权统治者身为政府首脑，只会得到最大的好处。”

“我的愿望将会实现；

无论在白天或黑夜，

我的雷电将照耀我看见

① 马可·奥勒留（121—180），罗马著名哲学家和皇帝（在位时间161—180）。——译者注

回家之路的标记!”

这是美国缔造者的梦想，美国人民每年都应该从他们中选出一些“最明智的人去制定公共法律”。事实上在早期就是这样做的；因为我们的第一批领导人是天生的领导者。建立美国的那些人是美国受过教育的人。没有其他人能够完成这一任务。但这种状况无法一直持续下去。随着美国的发展，无知和贪婪逐渐增多；无知和贪婪一定会有代理人，否则我们就不会是一个代议政体。所以，我们进入到国会的人不是最明智的人，而是那些像一般民众思考问题的人。在我们的立法者中，我们最终选择的不是统治者，而是人民的代理人；我们要求的不是智慧，而是对我们个人利益的关注。所以我们选派的那些人是代表我们利益的人，那些人成为我们的代理人。正如人们所做的这样，主要的社团也是如此。这些社团由大量的民众组成，并且控制着更大数量的民众。当社团掌握了最好的政府部门时，它们常常派遣更能干的人而不是民众作为他们的代理人。于是就出现了这个国家的立法机构是由蛊惑民心的政客和特殊代理人构成的情况，这种情况在两个党派中都一样。他们代表的不是我们的智慧，而是我们的权利。他们是他们所代表的民众权利的反映；与一般民众相比，他们不是更好，当然也不是更糟。那些只追求好政府的人往往在立法机构中没有代表。

在一定程度上共和制政体是失败的。对于这种失败，只有一个补救办法——那就是教育。如果有人要管理我们，那么他们必须是英明的。在每一个社区里，我们必须拥有接受过社会和政治科学教育的人。我们必须拥有信念坚定的人；只有教育才能给予真正的信念。我们必须拥有知道每个有争议的问题都存在着是与非的人。我们必须拥有知道这种正确答案是什么的人；或者，假如不知道的话，必须知道如何去找到这种正确答案的人。很少有人去做明知是错并确信是错的事情。大多数不法行为源于一种信念，即认为不存在正确的行为，或者认为是与非只是相对的而已。

鲍尔斯（Powers）教授曾说过："我们不再由智者来管理国家事务。在我们评价了智者的智慧并加以确认之后，我们才接受智者的智慧的影响。我们中有越来越多的人在思想上相当独立，并且有力地维护他们的信念。这些人——普通人——在未经他们知情或同意的情况下，一出生就肩负着管理他们私人财产的很大职责，相比之下，古时奥林匹斯山众神的任务就像是儿童的游戏一样。"

如果代议制政府不断地提议对智慧和爱国主义进行讨论，这是因为智慧和爱国主义存在着象征物并且需要加以说明。在这方面它是美国大学要承担的最重要的职责之一。每一个公共政策问题都涉及是与非的问题。在这些问题中，所有的政党统治地位问题和所有的个人进步问题必须优先考虑。多数人的意见并不代表美德。无知或冷漠的危险只有在多数人中逐渐扩大时才会加剧。真理是强大的，谬误是无力的，大多数谬误会在一些人基于正确的思想并采取正确行动的影响下消失。正确地思考问题是你的权利，而正确地采取行动是你的责任。在世界历史上没有哪个时候比现在更加强调必须履行的责任。

4

人的养育与教育[①]

① 对斯坦福大学1895届学生的演讲。

爱默生告诉我们："最好的政治经济学是人的养育与教育。"教育不是溺爱，而是培养——不是来自外部的帮助，而是来自内部的生长。几个世纪以来的残酷经验表明，人不是通过舒适的过程就可以培养的。人的性格就像是一种耐寒植物，在北风使阳光失去温暖的地方它生长得最好。

文明人的生活不是简单的技艺——它不是自动生成的过程。要使生活变得舒适就要减少它的效用。我们所处的文明对参与其中的人提出了大量的要求。权利就是义务，特权就是职责。对那些不能很好地履行职责的人来说，风险是可怕的。这些职责不是单独一个人的。这些职责落在社会或工业联盟中所有联结在一起的人身上。如果我们要承担彼此的责任，那么我们必须当心自己由于冷漠和无知而承担了不必要的责任。只要他或者他的同伴没有受过教育或没有受过恰当的教育，国家就是不安全的，每个人也是不安全的，因为国家是为每个人而存在的。

因此，除非这些教育制度满足个人的需要，否则教育制度就没有优点可言。需要接受教育的人不是理想的人或普通的人，是由于遗传的力量使得他成为需要接受教育的特殊的人。他自身的素质决定他的需要。"生儿不教不如不生。"一个孩子，不管受过怎样的教育，在对他的教学中如果我们没有强调他的个性，没有加强他的意志、加强对他的指导和监护以及加强他的心智，他仍然是未受教育的人。

成人的本质在于选择能力的发展。在不同的生活关系中，选择能力意味着承担选择权的责任。要做出正确的选择，人们必须有认识真实情况的智慧和探明它的意愿。从长远来看，不论小事还是大事，错误的选择会导致死亡。它不是"受到死亡的惩罚"，因为大自然并不知晓什么奖励与惩罚。死亡只是它不可避免的结果。没有哪个国家能够生存——没有人可以生活在一个人民或政府反复地做出错误选择的国家。

所有的教育必须是个性化的教育——要适应个人的需要。如若不然，教育就名不副实。不适合个人需要的教育根本不是教育。生活中的每个人都有权利接受某种形式的高等教育，因为每个人都能够通过持续的教育而变得更好和更强。当然，我并不是说，每个人都可以接受现在的传统学院教育。普通人仍然很少能够接受任何过去时代的传统学院教育。接受高等教育似乎是少数人的需要，因为它的范围是如此狭小。高等教育产生于封建等级制度的时代。它是完全适合于少数人的教育。它的类型是固定的和预先安排好的，那些心智不适合学院教育的人被视为教育的弃儿。研究所带来的奖赏、高深见解所产生的乐趣、协调所具有的魅力不属于大众。对大众来说，学院教育只有在未来才有机会获得，但是学院教育不是礼物——任何值得拥有的东西从来都不是礼物——相反，那些可以获得学院教育的人把它们当作权利。

为了提供人们所需要的高等教育，学院必须像人类一样广泛。人所具有的任何才能的火花都应该在培养的过程中发挥出来。使人适应教育计划一直是过去的错误。使教育适应人是未来的工作。

美国高等教育的传统起源于与我们迥然不同的社会环境。在古希腊的“黄金时代”，每一个自由人都由九个奴隶来供养。这第十个人的自由就是那一个自由人与生俱来的权利。对第十个自由人进行教育是早期大学的功能。只有自由人才能接受教育。最初，第十个自由人所受教育的一部分必然是文科知识。从此那九个奴隶则被置于从属地位。

巴黎大学、牛津大学和剑桥大学建立的目的都是为了培养贵族和牧师。对这些学校和他们的继任者来说，随着时间的推移，他们的责任变成了培养绅士和教士。直到现在，有一些或很多普通人接受高等教育才成为一个公认的事实。现在普通人得到了应有的重视，他要求自己也能变得高贵如绅士。他的君主或国王已经变成了普通人，在下一个世纪我们将看到他成为自己的牧师。如果他真的有了接受高等教育的机会，通过接受高等教育他一定能够获得胜任工作的能力。他一定能够获得接受高等教育的机会，因为文明的未来掌握在他的手中。世界无法承受让他失败的代价。所有时代都期待着普通人是他们的“当然继承人”。人类的整个过去都是建立在他的成功之上的。

过去的传统对他而言是不充分的。中世纪牛津大学培养绅士的狭隘方法满足不了20世纪的人的各种需要。20世纪的人不仅仅是个绅士，他必须是时代的继承者。上述大学建立之后的几百年，如同之前的几百年一样，这些学校所确定的任务变成了千篇一律的文化。随着人的知识的丰富和能力的提高，人们选择的需要已经增加了上千倍，对选择权的需要变得越来越迫切。在这些艰苦时期，如果普通人要成为自己的主人和自己的牧师，那么他的力量必须与在更加原始却更少艰难的时期成为他的统治者的那些人一样强大，他的奉献精神必须与那些人一样强烈。阶级的渗透作用仍在继续。通过无声的力量，它“把有势力的人从他们的座位上拉了下来，使地位低的人提高了地位”。这再次教育了我们的统治者。我们发现他们缺少教育。总的来说，他们没有头脑，也没有道德心，也没有意志力胜任命运赋予他们的任务。

如果一个人的文化知识被十个人分享，那么其知识传播范围将扩大十倍。如果不是这样，那么这一文化所代表的“黄金时代”一定会消失。高等教育的作用是保存我们今天所享有的文化。每时每刻我们都感到文化正从我们手中悄然逝去。因此，每时每刻我们都必须努力获取新的控制力量。古话说，“恒久的警惕是自由的代价”。这句话说的就是这个意思。高校自由的长久维持依赖于自由的人。普通大众、无知的群氓（the mobs of men）绝不会有自由。因此，当务之急是解散群众。他们不应是群氓，而是单个的个体。高等教育的作用就是要结束对民众的统治。随专制而来的是民众的思想混乱，而解决思想混乱的办法在于使明辨是非的人不断增多。

今天的大学必须认识到学生个人的需要是其存在的原因。如果我们要使男孩和女孩转变为男人和女人，这一过程将是以个体为对象而不是以类别为对象来进行的。最好的庄稼地是地里每株庄稼的茎秆都最强壮、果实都最多。无论是在一所大学还是一个国家，特定类别立法常常证明是有害的和无效的。最强大的国家是该国中的每个人都最有用和最独立。最好的学校是为了每个学生而存在的学校。大学不是学院、院系或班级的集合体。大学是由年轻的男女大学生组成的，学生是大学的单位。高等教育的基本理念是，每个学生都应该把他的时间和精力投入到对他最有益的事情上；传统的力量、约束的规则、学位的诱惑绝不应该使任何一个人偏离他最好的教育之路。正如梅尔维尔·B.安德森（Melville Best Anderson）①所说：“教育一个人的方法是让他学习功课；让他学习功课的方法是激发他的兴趣；激发其兴趣的方法是通过将他的功课与某种现实联系起来，从而使他学习的功课充满活力。”没有受过良好教育的人，他自己的精神不会注入学习之中。除了本人同意外，没有学生会一直主动地投入到任何有价

① 梅尔维尔·B.安德森（1851—1933），曾任斯坦福大学英语系主任，美国文学学者，主要研究但丁的作品。——译者注

值的学习之中。

所以，大学对学生一定不能强迫，而是需要引导。从长远来看，它甚至不应该是引导，因为意志的培养受到自我指导的影响。人的发展问题就是要把人引入正确的道路，从而使其认识到走这条路是正确的。学生必须认识到每天的学习对自身品德的形成起一定的作用。他的品德必须通过自身修炼形成，高等教育仅仅给了他发展的材料。如果他本人能在他的教育中看到每个元素的作用，他的品德会随着学习的进行而逐渐受到他人尊崇。他已经检验了教育的价值，他知道教育是好的，因此他学会了珍惜教育的结果。

教育中的个人主义并不是我们这个时代才有的新事物。个人主义绝不是由帕洛·阿尔托（Palo Alto）①首创的，它也不是产生于哈佛大学或密歇根大学。对个人主义的需要写在人的心里。人们已经发现并可以确认的是，无论在哪里，人的“养育和教育”都受到了高度重视。

日本作家内村（Uchimura）谈到过去日本的教育时说：“那时我们不是在课堂里上课。我们以前的学校并不知道人的灵魂可以分成不同的种类，就像澳大利亚农场的羊群一样。我本能地认为，我们的老师相信，人（角色）是不可分类的；老师必须亲自直接与他打交道——也就是面对面，灵魂对灵魂。所以老师根据每个人的习性、身体、心理和精神特点一个接一个地教育我们。他们能叫出我们中每一个人的名字。如果驴与马一起套上挽具使用，对于后者来说几乎没有什么危险，最多是被累倒变得呆头呆脑，而对于前者来说则是被带进了致告别辞的最优秀毕业生

① 帕洛·阿尔托，美国旧金山附近的一个城市。——译者注

(valedictorian) 的坟墓。所以，在这方面，日本过去的教师认同苏格拉底和柏拉图的教育理论。因此，自然地，教师和学生之间的关系有可能成为最亲近的关系。我们从来没有用那个令人敬而远之的名称——教授，来称呼我们的老师。我们称他们为先生(Sensei)，出生在我们前面的人，因为他们比我们出生得早，所以这样称呼他们。事实上他们并非总是'生乎吾前'，但是比我们'闻道在先'，正是基于关于师生关系的思想，我们中的一些人立刻理解了《圣经》中牧师与信徒之间的亲密关系。我们发现《圣经》中写着，'信徒不能高过牧师，仆人也不能高过主人，或者好牧人为羊舍命'，以及其他类似的说法，我们几乎本能地把这些说法当作我们很久以前就知道的东西。"

这就是过去日本的情况。在全新的美国也应该如此。当这些思想不是以传统或习俗为基础，而是以人的本性为基础时，最古老的思想将会永远焕发青春。

最好的人的养育和教育不是抑制他的弱点，而是发挥他的长处。我们应该为积极的生活而努力。我们应该树立奋斗的目标。消除恶习和愚蠢需要发挥长处的作用。

民主社会的巨大危险在于似乎弱者占有优势。强者和诚实的人似乎从来都没有占到多数。认清时势的政治家了解多数人的情况。他完全知道普通人的弱点。不讲道义、暴力、欺骗和腐败都是这一弱点的各种表现。这些弱点不是来源于竞争，而是来源于那些扼杀竞争的无用的活动。竞争意味着公平竞赛。不公平的竞赛就是懦弱者的自白书。

我们的领导人不了解普通人的长处。无知、唯利是图、优柔寡断是普通人最糟糕的一面，但是，他们也有热心、聪明、意志坚定的一面。了解普通人最好的一面是政治家才能的精髓。他向善的力量可以和他作恶的力量一样被利用。正是这种对普通人的信任造就了亚伯拉罕·林肯的治国之才。在这样的领导人带领下，普通人不再普通。了解长处是拥有力量的秘诀。使人性中最好的方面发挥作用就是让好运站在你这边。

一位中国古人说过，“差之毫厘，谬以千里”。如果要保证集体行动的安全，那么必须由最优秀的人用最好的思想来控制它。理想的政治家能把这些最好的思想统一起来。每个人思想上的缺陷由于其他人清晰的认识而得到纠正。我们有权利期待你成为一个拥有秩序和自由、明确的目标和诚实的行为的人。知识就是力量，因为思想可以转化为行动。无知即是软弱，因为没有明确的目的，行动永远不会成功。

最好的政治经济学是人的养育和教育。现在资金的最佳用途是把它用于投资未来。用于现在的资金是被消耗掉或浪费掉的资金。而用于未来的资金则会获得加倍的回报。它向你展示的是，为未来所做的努力不是无用的努力，因为你是这些努力的主体。我们毫不怀疑你会这样做。如果它对你产生了影响，你最终成为我们所热爱的整个大学生活的一部分，那么所有的付出都是值得的。这些大厅里看到的资产和努力、信念和奉献都不会被浪费。这所大学将会与你同在。你是她的孩子——第一个诞生的孩子，也许是最受喜爱的孩子——而且她会因你工作领域的不断扩大而感到高兴。你的影响将是积极的，因此也是有效的。它代表着对人类的热爱和对真理的热爱。不爱真理的人，就不能正确地爱人类。最终，这些爱在本质上是相似的。

正如霍华德（Howard）教授告诉我们的那样，在世界历史上，大学的建立可能是一件比国家的建立还要重大的事件，因为它的生命就在于它存在的合理性。国家至多是为了组成它的男人和女人而存在。它的需要永远不会是最高尚的，它的目标永远不会是最崇高的，因为它永远不会超越现在。国家行动的局限在于它关注的是现在。大学代表着未来。它应对的是人的可能性，是尚未实现的人的力量和美德。它的基础是强者的合作，它的作用是将弱点转化为优点。欧洲的大学影响了世界文明。只要文明继续存在，世界上的大学就会继续影响人的发展。

5

社会学者[1]

① 对斯坦福大学1893届学生的演讲。

所有的文明国家都生活在通过民意选举出的政府的管理之下。当民意变得明智和开明的时候，政府相应地将变得开明和明智。换句话说，人民常常拥有与他们的智慧和爱国主义相称的而不是更好的政府。从长远来看，只有通过民意改进政府，政府才能变得更好。只有通过传播知识和培养道德意识，才能改进民意。大学的主要职责之一就是输出人才，通过他们个人的影响帮助造就好的公民。现在，管理一个伟大的国家并不是一件简单的事情。我们国家在其内部有许多邪恶的力量，如果这些邪恶力量没有受到为了善行而相互支持的、更强大的力量的反对，这些邪恶力量就会毁坏这个国家。如果我们要有效地反对这些邪恶力量，我们必须知道这些邪恶力量的影响、起源、造成的结果。这一需要就是你们接受教育的原因。

作为受过教育的男人和女人，这个国家和这所大学有权利期望你们，在任何地方都能成为支持好政府的力量。你们应该遵守法律，公正地对待邻居，偿还债务，支持家庭，远离犯罪。所有这些也是我们通常对普通人的期望。但是，由于你们拥有大多数人所无法得到的机会，国家有权利对你们提出更多的期望。国家不仅要求你们不触犯国家的任何法律，而且要求你们应该帮助制定和维持公正的法律；你们应该代表社会中美好的方面，代表正确的生活、正确的思想和正确的行动。国家希望你们这样做，甚至是牺牲个人利益也要这样做。如果你们没有这样做，你们的教育就是一笔蚀本的生意。它仅仅是“使你们的爪子变得锋利，使你们的长牙磨得更快”，以至于你们可能更容易损害无知的邻居。

那么，国家对你们的期望比其他人多在哪里呢？考虑到政治、道德、宗教时，你们将坚持什么立场呢？如果你们要帮助提高民意的标准，你们一定要认真地致力于这项工作。你们不能远离民众，帮助他们是你们的责任。然而，与民众站在一起，你们永远不要在民众中迷失自己。你们一定要坚持自己的准则，明白自己要走的道路。当你们的直觉和原则告诉你们要向右走的时候，民众却愿意向左走。你们可能会发现这是一场艰苦的斗争，可能最终会失败，但是曾经付出的努力将会永存。

你们没有义务加入那些可能会剥夺你们任何一部分自由的组织。你们没有义务投票支持我的政党，也没有义务投票支持你们的政党，更没有义务投票支持任何一个人们自然加入的历史悠久的政治组织。因为你们和我都知道，一个自由国家的主要政党之间产生的问题，一般来说，不是道德或良好公民的问题。不存在所有的好人都支持一方，也不存在所有的坏人都支持另一方。在大多数情况下，政党之间的分歧主要源于世袭的倾向、当前的权宜之计和临时获利的期望，而且往往源于权力和利益的分配，以及侵占好处的权力的分配。当你们的政党被坏人领导时，或者当这个政党的路线是朝着错误的方向前进时，你们的国家期望你们作为受过教育的人能认识到这一点。

你们的国家希望你们有勇气坚定自己的信念。当其他抗议方式失败时，你们的国家希望你们有独立的力量——如果需要的话，你可以选择脱党。通过对抗党派的压力来显示你们的男子气概不会让你赢得朋友。你们不一定要为感谢投票或者为国会提名做准备，但是你们必须保持自己的自尊，总有一天，当政党恢复理智时，你们将会看到它在朝着你们的方向全速前进。

学者在政治方面的职责之一是要成为那些忠贞不渝的党徒的一服解药，为任何政党中的顽固保守分子解毒，因为这些顽固分子不学无术且无所顾忌。正如之前所说的，好公民不能不加辨别地盲目投票。无论在哪个政党中，那些随意投票的人，在数年的时间里，就会导致出现一些无论是公开还是私下都没有得到他的选票支持的流氓恶棍。你们投票选出的人是你们正当的代表，而无赖、骗子、赌徒、酒鬼、行贿者、老板不应该正当地代表你们。如果这些人真的代表了你们，那么你们还是没有代表人可能对我们的国家会更好一些，国家在教育你们这件事情上则是做了一笔蚀本的买卖。

我不是为政治孤立辩护。你们远离大多数人，那并不能证明你们是对的、他们是错的。我们认为，在大多数情况下，大多数人的看法距离真实情况不远。共和国的伟大心脏在稳定地跳动着。怀疑这一点就会对民选政府感到绝望。但不管是对是错，政党中的大多数人都并不是你们良心的守护者。你们的良心是你们自己的。一个勇敢的人曾经说："我是一个自由的人，我是带着自己的主见参加这次会议的，我的意思是会议结束时我依旧是一个自由的人。"大多数人的意见是受少数人影响而形成的。你们应该成为这些左右意见的少数人中的一员，这是你们接受国家政治教育的一个原因。在所有的公共或私人政策问题上，无论你们的祖父是谁，不管你们的邻居可能是谁，你们一定要做你自己。如果你们在任何一个政党中出生和成长，那就好好考虑这些事情。传统的羁绊是卑劣的，应该摆脱传统的羁绊。然后，当你们成为自由的人，如果你们愿意，你们可以恢复自己的地位。如果你们的家庭中一定要有传统的党派偏见，那么你们一定要成为消除这种偏见的人。你们一定要成为时代的佼佼者，要鼓励你们的儿子也成为他的时代的佼佼者。

但是，你们的国家对你们的期望不仅仅是摆脱传统的偏见。绝不要让人对你们说三道四："做某某事是为了他的利益，所以我们可以依靠他。他居住在第一区，所以他认为要禁酒。他居住在第六区，所以他支持自由饮酒。他将因此获得成功，所以他赞成那种做法。”独立于政治领袖比从你们的自私本能要求中摆脱出来要容易得多。但是，好公民要超越他所在地区的偏见，要超越他所在行业的自私利益。好公民是加州的公民，而不是第六区的公民——不是生产钢铁之县的公民，也不是生产葡萄干之县的公民，也不仅仅是这个州的公民，也不是美国的公民。好公民是世界公民。随着公民权的提高，公民本身成为一个巨大的共同体，成为所有共和国中最伟大的共同体。真正的爱国主义不是挥舞旗帜，也不是美国国庆日演说；不是谴责英国，也不是与智利打仗；不是公鸡的啼叫，也不是纵狗咬牛的娱乐。真正的爱国主义包括首先要懂得关于自己的社会或国家什么是正确的，然后愿意把个人的利益融入整体的利益。所有既不涉及知识也不涉及自我奉献的爱国主义都是一种没有价值的冒牌货。

我们有权期望学者成为蛊惑民心的政客的一服解毒剂。你们所受到的教育使得你们能够识别过去的迷信和胡言乱语；你们也应该了解现在的那些迷信和胡言乱语。就像两百年前困扰着塞勒姆（Salem）[①]的巫术一样，那些荒诞的观念，即使没有那么邪恶，仍然困扰着我们美国人的生活。学习历史是你们防御这些迷信和胡言乱语的手段。就像“水流不断的溪流，他们不敢越过”一样，避开老巫婆，这样你们在这一领域的学习，将使你们免受各种持续存在的或废弃的胡言乱语的影响。在蛊惑民心的政客保持沉默和没有产生危害之前，你们要紧握智慧的魔杖。为了人民的利益而使用它是你们的职责和权利。

的确，美国不是文明国家中治理最好的国家。情况确如你们

① 塞勒姆，美国马萨诸塞州东北部的一个港口城市。——译者注

所知。美国的外交政策是软弱的、优柔寡断的、效率低下的。她的国内政策是铺张浪费的、草率的、不公正的。我们不再像过去那样，选出“最聪明的人来制定公共法律”。我们的立法机构，从市政委员会到美国参议院，并不总是令我们感到自豪。这些机构的成员常常不是人民信任的人。我们的行政部门是“世界上”最糟糕的行政部门之一。我们的外交机构一直是欧洲的笑柄。我们的法院，虽然整体而言是政府中最合理的一个机构，但是它们并未都达到其应有的合理程度。它们的行动经常既不迅速也不可靠。通常，管理法院的被蒙住眼睛的女神，很快就能识别出金手指对“天平弄错的一边”的压力。我们的货币会因赌徒的利益而波动，赌徒以牺牲劳工的利益而发财。在所有这些方面我们加州也不例外。加州政府的历史很短，但是关于其治理不当和腐败的记录却很长。加州人民一般知识的平均值高，但专门知识的平均值低，其爱国主义的标准同样也低。

所有这些不良的东西我们都清楚，但更糟的是，这些东西使我们烦恼和气馁，我们中的一些人希望我们能有一个天生的特权阶级，至少是智力天赋上的精英，他们能将这些不良的东西从人们的手中拿走，从你们和我的手中拿走，然后将它们矫正并使它们保持正确。我不认同这种看法。人们应该经受一些痛苦，用他们自己的双手来进行矫正，这比他们受到不属于自己的某种力量的保护要好。虽然人们可能将自己的事情管理得很糟糕，但人类的发展取决于他们去从事管理活动。我们宁愿人们通过选举管理不善，也不愿意他们通过强制力量受到良好的管理。与“好国王亨利”的统治相比，法国大革命之后的“恐怖时期”给未来带来了更多的希望。帝国的衰亡史也是人类的成长史。

这并不是说英格兰的法律应该制定得更好，从而使得格莱斯顿（Gladstone）[①]这位立法者可以让两百万几乎是文盲的英格兰农民和工人共同参与立法。这些法律至少在一段时间内将不会那么好，但那些参与制定法律的人将变得更好，人民的利益将成为法律的目标。不是我们信任爱尔兰人的智慧和审慎使得每一个美国人都赞成“爱尔兰地方自治”（Home Rule in Ireland），而是我们对爱尔兰人的同情，以及我们相信爱尔兰人可以管理自己的事情。这并不是说我们的南方各州应该得到更好的治理，从而使得三百万的自由民被授予投票权。或许这种情况对于国家来说更加不利，因为无知的投票是一种怯懦的投票，是一种金钱可以收买的投票。这种情况虽然对国家更不利，但是对人更有利。因为违法乱纪、动荡不安、治国无方比将脚踩在一个沉默种族的脖子上，从而使得这个种族既抬不起头又说不出话所形成的繁荣要更好。

当人们了解并认识到它的缺陷时，所有的民治政府都会变得更好。当人们已经把它的缺陷找出来时，没有什么弊病可以长期存在。当民众知道是什么伤害了他们时，那种侵权行为就必须停止。侵权行为依靠其伪装为公众同意的形式而出现。有条理的思维，这是你们已经学过的内容，出现在有条理的行动之前，这两者都是我们期望你们能拥有的。对你们来说，作为受过教育的男人和女人，人们有权利对你们寄予期望。他们有权利期望你们在理想的政府方面发挥影响，期望由人民治理的美国也应该有一个好的政府。这个政府应该是一个没有任何人会受到排斥的政府，应该是一个没有愚昧无知、贪赃枉法、腐败堕落的政府。

大学生活的影响主要是在崇高的理想方面。受过教育的头脑

① 格莱斯顿（1809—1898），英国政治家，四次出任英国首相。——译者注

是清白的良心的最好守护者。大学的职责是让学生形成如何过好个人生活、社会生活和政治生活的崇高思想，并引导他反对低级趣味的思想。大家都听说过，美国生活中的某些改革仅仅得到了大学教授和刚出大学校门的大学生的拥护。据说在理想中最美好的社会，这些大学生的思想可能是极好的，但在19世纪的美国这些思想却是荒谬可笑的。有人说，追逐私利和腐败堕落是美国人生活中的基本内容。在政治和社会斗争中，我们一定不能抱持过于拘谨的反对态度，而必须与敌人战斗，要像魔鬼那样彼此以毒攻毒。当然，这种对空想的社会改良方案的指控基本上是正确的，我相信这种指控可能会继续下去。空想的社会改良方案是我们生活迫切需要的一种元素。在相当长的时间里我们一直对恶棍以毒攻毒。我们试图通过有害手段获取良好结果的时间太长了。在我们对朋友的有害手段感到担心超过对敌人的有害目的感到担心之前，右翼通过贿赂、谎言和欺诈冠冕堂皇地赢得胜利的时间已经太长了。

尽管所有的改革似乎都是不切实际的——但那能赦免你们吗？除非你们的灵魂住在理想中最美好的社会里，否则生活是不值得保留的。你们的窗户应该朝向天堂，而不是贫民区。你们应该超越人世间的卑劣和丑恶。如果我们的学者不能高踞卑劣和丑恶之上——如果我们的教育目的仅仅是培养更加精明的操纵者，而不是那些以前的目的（我们知道，在我们的学院生活中有一股暗流正朝着这个方向发展），那么我们越早关上窗户，越早穿上条纹囚服，对这个国家就越好。

但是我们不必对未来抱有这样悲观的看法。我们知道，总的来说，教育有助于美德的形成。“和蔼可亲的人”之间有着天然的联系。我们知道，引导青年超越他所在的狭隘领域的，无论是什么，都是他抵御诱惑的最佳手段。我们知道，如果青年时不堕落，到成年的时候就会保持不变。我不争论这个问题。我认为这是一个经验事实，正是这个事实给了我们的公立学校系统存在的权利，我的生活和你们的生活在某种程度上都是这个系统的产物。爱默生说："投入大学的一美元，其价值超过投入监狱的一美元。如果你们用同样的资金从这个镇上带走十个最诚实的商人，同时放入十个流氓，保险费率将很快对此有所显示，银行的稳定性也将会有所反映，公路将变得不太安全，学校也会感到不安全，孩子们将会把小剂量的毒品带回家，法官将会担惊受怕，致使他的判决不太公正。他已经失去了我们都需要的众多支持和约束，牧师将以一种更加宽松的生活准则对此做出反应。"从社区带走十个好人，然后用十个坏人取代他们，那么反过来又会怎样呢？如果我们给任何一个社区增加十个好人——甚至是一个好人，那么银行、法院、教会、学校将会感到这是促使它们变得更好的一种动力。

每个国家的政治家都把高等教育的发展看作其本身的一个明确的职责。世界上最伟大的大学的产生不是起因于财富的过剩，而是起因于国家对人才的需求。莱顿大学（University of Leyden）是在荷兰历史上最黑暗的时期建立的，该校当时成为荷兰对抗西班牙压迫的最强有力的屏障——成为当时威廉一世（William the Silent）[1]手中的一件最有效的武器。

对美国而言，即美国的每个人，能通过那种使其成员变得更

① 威廉一世，即威廉·范·奥伦治（Willem van Oranje ,1533—1584），尼德兰著名的爱国贵族，荷兰"国父"。因一次听西班牙国王菲利普二世讲述把新教徒赶出尼德兰的计划时，大感震惊，闭口不言，被称为"沉默者"。——译者注

聪明、更美好、更开明的教育而受益，变得强大。你们是受过教育的人，如果所受的教育得当，你们将会提高周围每一英尺土地的价格。当爱默生、霍桑（Hawthorne）和梭罗住在康科德的时候，康科德每块城市的地价都能体现出这一事实。其他城镇的人愿意花钱住在他们附近。几年前，当一位精明的律师被选为马萨诸塞州州长时，有一些人宁可离开马萨诸塞州也不愿此人成为他们的州长。也许你们和我并不那么敏感，但不管怎样，选举一个不好的人当州长将会导致土地和房屋价格不断下跌，诚实和忠诚的价值不断下降。

像在政治上一样，在社会生活中，学生应该成为反对实利主义的屏障，而不仅仅是反对知识渊博的哲学家所精心构建的实利主义。实利主义的有害影响、无趣和枯燥无味从德国传过来的时候就不断减弱，所以很少能造成很大的伤害。但是有一种更微妙的实利主义贯穿我们的一生。它存在于教堂装有垫子的长凳上，也存在于贸易集市上。它宣扬物质享受的信条和精神的匮乏。它宣扬自我中心的信条，而不是爱的原则。它要求所有的学者都珍视真理、美好、善良和友善——这些东西的价值是什么呢？如果它们在今世不能带来金钱，在来世不能拯救我们的灵魂，那么我们对它们就会毫无所求。你们大学毕业后无论到哪里，都会感受到这种实利主义的冷漠。你们一定要使自己的同情心保持温暖，使自己的心灵接受所有好的影响，使实利主义的冷漠远离你们。

还有一种对我们的怀疑是学者应该能够抵制的。怀疑者是仅仅睁开自己双眼的人。这个人质疑自然和生活，并从这些质疑中获得了我们所有的知识。但是睁着眼睛质疑和闭着眼睛怀疑不同。有种怀疑破坏了所有成长的基础，切断了所有进步的神经。

这是彼拉多（Pilate）[1]的问题，他提出疑问——“真理是什么？”甚至，是否有任何真理存在呢？是否本质（being）终究与表象不同？

每个健全的人生都是一种有信仰的人生。不是相信别人对生命、死亡、命运的看法和想法，而是相信在宇宙中存在着超越人类所有关于是非对错观念的东西。人们能够认识到这一点是很好的事情。

大约四十年前，印第安纳大学的一位校长说过：“人们坚决要求被人欺骗，所以我们有责任欺骗他们。”骗子的力量是巨大的，他的鼓吹者是那么多、那么强大！而你们从来不相信这一点。肋骨上的一点刺痛就会使江湖医生原形毕露，但是真实的江湖医生从头到脚就像穿上了三层盔甲一样让人难以看清其真面目。在骗子的影响力被遗忘之后很久，人们才愿意求助于他自己和他所受的教育。作为学者，你们已接受的学习应该教会你们懂得和珍惜真理。你们获得了一些你们应该知道是正确的事情，并用世界上可以提供的任何检验标准加以判断。

在与他人的交往中，学者一定要宽容。文化源于与许多思想的交流。对那些没有受过教育的人来说，他不熟悉的事物就是笨拙的、古怪的、可恶的。对我们周围的事情有更广泛的了解，能使我们更加尊重他人的思想和方法。一个人可能是固执己见的，也可能是任性的，但毫无疑问，我们可以从他身上学到一些有益的东西。对其他国家和种族也是如此。每个国家和种族都可以教给我们一些有益的东西。在文明的国家，外国人不再是被驱逐的人，不再是令人恐惧或令人憎恶的人。任何人对那些持有与其不

① 彼拉多（？—36?），古罗马犹太总督，相传主持对耶稣的审判并下令把耶稣钉死在十字架上。——译者注

同观点的人所表现出的宽容程度，是对文明最好的检验标准之一。这是对他们自己和其他人的个性和个人权利的认可。

我不必对此进行详述。宽容的增加是现代文明史上最重要的内容之一。思想自由的权利，即个人表达的权利，是人类与生俱来的权利。因为学者在斗争中占据的崇高地位为我们赢得了这一自由，所以作为他最重要的财产之一，他应该在未来捍卫这一自由。每个人都有权利去开辟自己通往真理的道路。假如在这个国家的北部、南部、东部、西部，在亚祖河、哈德逊河或萨克拉门托河岸边的一个镇上，一个诚实的人在没有暴力和社会排斥的风险下，不能说出自己真实的想法，那么在那个镇上，我们的自由仍然仅是处于受奴役的状态，我们的文明仅是处于肤浅伪装的未开化的野蛮状态。

人们的行为表明一个人可能成为圣贤或者成为傻瓜；他可能像毒蛇一样聪明，或像牛犊一样无害；他可能取悦或不取悦我们。然而，无论一个人是什么样的人，他的言论自由是他作为美国人与生俱来的权利。对于争论，如果你喜欢，你可以用争论进行反击。整个争论的基调是由你确定的，你可以据此说出你的答复。如果你是正确的，而他是错误的，那么你的答案就会更加有力。但是棍棒、砖头、猎枪或炸弹不是自由的人或勇敢的人的解决办法，它们不会让任何人信服。在所有不公正的法律中，掌握在暴民手中的法律是最暴虐和最危险的。

学者绝不应该让自己成为一个纯粹的打破旧传统的人。他没有精力可供在争论中浪费。真理是无法抵抗的，因为它的敌人不能持久。从诋毁中得不到什么好处。发展一些更美好的东西，旧的东西将会自行消失。

当一个公正的人试图通过攻击一个不公正的人来改革社会

时，公众围绕在他们周围，观看这场公平的竞争，真理和谬误被给予了相同的公平展示。很快公众不再对谁是谁非的问题感兴趣，而对谁是最好的人感兴趣。

人们有权利期望学者不断发展。学院最糟糕的结果之一是在科学方面“发展停滞”（arrested development）。当学生从大学的温床被移植到社会冰冷的土壤时，他的成长有时会停止，这让他的朋友感到失望，也让那些对高等教育有信心的人感到失望。如果没有在逆境中茁壮成长的毅力，你在大学里的成就将对你没有什么用处。

在人生的旅途中你已经到达一个港口，你有权利对这一成就感到自豪。但第一个港口并不是航行的终点，浩瀚的海洋仍然离你很远，从长远来看，航行的价值与你准备到达的港口的距离成正比。航行去好望角与航行去“狗岛”（Isle of Dogs）相比，需要更长时间的准备和更多的装备。

生活的价值是根据它的目的而不是它的成就来衡量的。目的的崇高性对精神的崇高性是必不可少的。任何真正重要的事情都无法在短时间内完成，也无法用简单的办法完成。大多数人，正如人们所做的，以不太重要的事情为目的，而且他们实现了追求的目标。他们只需直接走向清晰可见的目的即可。而你们却不该这样。你们有义务追求超越你们视野的目标。在你们寻找“圣杯”（Holy Grail）的过程中要攀登山峰，涉过河流，穿越沙漠。这一目标是永远看不到的。你们必须始终坚定信念和持续奋斗，在每一个环节都要与那些选择了更易实现目标的人，或者受到偶然的诱惑而偏离了伟大的探索的人分道扬镳。“一步难以登天”，对于不知将要前往何处的人而言，要实现远大的目标也是不可能的。

你们的人生目标是崇高的，你们发誓要过一种不断努力和发展的生活，你们在这里已经证明了这一点。如果不是这样，你们就永远不会这样奋力向前了。你们就会和成百上千的、满足于用低劣的方法达到较低目标的同时代人在一起。

我们都承认这个事实，尽管我们可能没有把这个想法用语言表达出来。银行也承认这个事实。假如你们的口袋里连一美元都没有，你们可以凭借你们所追求的目标从银行借到钱。你们中的许多人已经这样做了。你们可能需要再这样做一次。你们自然应当这样做。目标的力量是合法的资本。通过自己的愿望和追求，你们变得富有了。在一个自由的国家里可能仅存在一种穷人——没有目标的人。

迄今为止，你们所做的事情本身并不多。你们所达到的仅仅是学问的起点。你们的教育刚刚开始，除了你们没有人能完成它。你们的思想就像是孩子们的思想一样不成熟，你们的作品就像是生活中废纸篮里的垃圾一样没有价值。你们所知、所想、所做的事情，没有哪一件不是被别人更好地了解、思考或做过了的。你们一生中的工作才刚刚开始。在你们能够以任何重要的方式为社会服务之前，你们必须像现在这样继续成长。但是未来的希望是属于你们的。你们有成长的力量和毅力。下个世纪的阳光和雨露将落在你们身上。它的微风将激励你们，它的精神将鼓舞你们。

成长不是一件容易的事情。衰退和衰败比成长更容易发生——你们看到的树木就是这样。成长是缓慢的、艰难的、乏味的。龙虾在长大时，每次蜕掉其外壳都会遭受死亡的痛苦，但是每次新长出来的甲壳都比之前的更厚、更硬、更大。你们也是这样。你们会发现不发展很容易。使自己适应旧的环境，让自己变得老朽过时，将是一件更加令人愉快的事情。为了生存而进行的斗争是艰难的，为了改良而进行的斗争更加艰难。你们中有些人迟早会停止奋斗。那些许诺多而做得少的人，那些教育没有产生成效的人，就是发展停滞的例子。永远不要满足于你们所取得的成就、你们能做的事、你们能想到的想法。这样的满足是旧时代的激励物，这种最好的感觉对我们来说已成过去，而崇高的追求是永恒的。

学者应该是一个正直的人，一个可以信任的人。曾经有一位国王在一次灾难性的战斗之后给他的王后写信："夫人，一切都失去了——除了我们的正义感之外。"只要正义感被保存下来，战斗就永远不会失败。但是在现实社会许多这样的战争和模拟战中——也许大多数战争都会要求你们去参加——一方的荣誉或另一方的荣誉是首先失去的东西。有些人进入公共生活的时候，把他们的良心丢在一边，就像科尔特斯（Cortez）[①]烧掉了他的船只一样，因而他们可以不用冒规避荣誉和体面的风险。正如你们所听到的，人们说我们国家的荣誉感正在减弱，在政治或商业上的情感已成为过去。的确，从富兰克林（Franklin）、汉密尔顿（Hamilton）、诺克斯（Knox）和杰伊（Jay）到我们所见过的一些公务员，退步很大，堕落到地狱（Avernus）似乎很容易。我们有时听说一些人的荣誉观过时了，我们把这些人与同样是旧时代的短裤、假发、褶边联系在一起。道德法则在运用中变得越来越灵活，而其中的一部分，比如"康涅狄格蓝法"（the Blue Laws of Connecticut）已经过时了。你们务必不能这样。在任何比赛中，公平竞争比胜利更重要。成功的本质是公平竞争。

① 科尔特斯（1485—1547），西班牙军事家、殖民者，1518年率探险队前往美洲大陆开辟新殖民地，1523年征服墨西哥。——译者注

作为诚实的人，你们将经常发现自己与那些自认为是改革领袖的人意见相反。建立在情感基础上的事业，即使是正当的情感，也不可能一蹴而就，甚至永远不可能成功，除非受到理智的控制。与仅仅依靠感觉相比，政治上的权宜之计可能是更明智的指导原则。政治上的多愁善感比唯利是图更危险，而唯利是图的人是我们预防理想主义者和狂热分子的保障，这一悖论有一定的道理。唯利是图及其种种恶行是保守的，因此反对考虑不周的行为。“放任主义”（laissez-faire）如今已是不可信的原则。当许多人试图找出什么是正确的，并尽一切努力来实现它时，让事情顺其自然就不可能了。但我们必须记住，人们只能做那些可能的事情。所有对社会、法律和政府进行的不科学或感情用事的修补都仍然是“放任主义”。盲目努力做不可能的事情只会一事无成。它只是溪流中一股逆流形成的漩涡，绝不可能加快或改变它的流速。人们必须首先了解水流的方向。他所做的努力必须与这些潮流相一致，否则他的努力可能会阻碍而不是帮助真正的进步。与“放任主义”相反的行动不是简单的行动，而是基于知识的行动。

被认为是某种特定思想的倡导者或信徒，常常会阻碍一个人的学习或成长。倡导者害怕他的思想与社会力量的学习结果相混淆。学者不能忽视这些力量，而且必须准备好应对每一种力量。但这并不能证明冷漠或阻挠是合理的。智慧和冷静来自明智和清醒的人的努力。如果你们接受的是正确的教育，那么你们就应该是明智和清醒的人。

你们中并不是所有的人都会留下自己的名字成为国家历史的遗产。你们母校的校友录可能是最后记住你们的唯一目录。但是，如果你们成为正确生活和正确思想的中心，如果你们周围的人的品德因为你们生活在这里而变得更好，那么你们就会实现自己的人生使命。没有人能做得比这更多。正如你们今天听到的："真正的虔诚包括对神灵的敬畏和对人类的帮助。[1]因此要帮助人类。要寻求精神上的功利主义，功利主义的信条是促进社会的完善，并培养明智的爱国主义，爱国主义因为其虔诚的爱而变得纯洁。"

① 乔治·艾略特·霍华德（George Elliott Howard）教授的话。——原文注

6

学校与国家[1]

① 1893年3月在加州伯克利大学校庆日的演讲。

共和主义的本质要求实施国民教育。在大多数无知民众的行为中不存在美德，除非通过重复的活动使大多数民众不再无知。管理工作本身就是教育。作为美国人，我们相信民治的政府。这并不是说民众是最好的管理者，而是因为智慧的增长肯定会伴随着责任的增加。

民众的意见不是上帝的意见，但如果民众的意见受到压制，它就会变成恶魔的意见。无政府主义在民众不能公开表达思想的地方盛行。据说在受民众拥护的政府中，无知有同样的权利被看作是智慧。情况可能真是如此，但是这种政府的长盛不衰要求这种说法要有助于将无知转化为智慧。大多数民众通常是错误的，但只有通过他们经历错误才会开启权利永久建立的道路。普选试验的正当理由是建立了公民培训学校，从长远来看，这将产生良好的政府。

我们的父辈创造了未来——一个甚至仍未实现的未来。美国从来不是一个管理得最好的文明国家。德国的铁腕独裁统治，在某种意义上，是一种比我国人民已经建立的民治政府更好的管理。也就是说，它采用的是一种更加明确和一贯的政策。其国家事务的执行比我国更加经济、智慧和体面。它超越了美国的两个主要敌人——腐败分子和政党分肥者的影响。如果一切都是这样，我们可能会欢迎一位俾斯麦式的“铁腕人物”做我们的管理者，以取代我们一系列权力软弱和任期短暂的总统。

但事实并不完全如此。在一个不断变化的世界中，那种“管理得最好的政府就是最好的”的观点是不对的。这是暴政的准则。好政府甚至可能是一个次要的问题。我们的民治政府是为了人民的发展。在政府管理的方法及其所确保的进步中，是伟大的学校保证了在未来有个更好的政府。我认为，这一保证使我们能够信心十足地看待最严重的政治问题、其他国家从来没有解决过的问题，以及除了“真正崇高的人和无数受过教育而获得自由的人”之外，没有哪个治国之才可以面对的问题。而且，尽管有各种各样的反对和阻拦，每个真正的美国人都会认为这种对未来的信任并不是毫无根据的自夸。

但是国民教育比那些涉及培养有知识的公民的教育具有更高的目标。在一个国家中，任何人因为被干扰或者被忽视而无法完全发挥自己的能力，那么这个国家就不能得到真正的良好治理。安德鲁·D. 怀特（Andrew D. White）说：“在所有的国家财产中，公民中的天才和人才是最宝贵的。使每一代的大批人才和天才能够有发展的机会，使社会的人才资源能够得到补充，社会的工作能够得到帮助，这是社会本身的责任，也是社会无法推卸的责任。”

这一思想得到了我们联邦政府创建者的完全认可，并且从一开始就为国民教育做了规定。这一规定的思想得到了认可，我们质疑的问题是：政府在这方面应该走多远？国民教育是否应该在小学终止，还是政府有责任维持教育系统的所有部分——小学、中学、学院、属于大学层次的技术和专业学院以及从事研究的师范学院？

自远古以来，在政治经济领域一直有两个流派——在政府管理领域存在着两种对立的观点：一种观点要求扩大政府的权力和职责，另一种观点要求减少政府的权力和职责。一个把政府仅仅看作警察局，其主要职能是公正地进行行政管理。政府在其他事情上不采取行动，让每个人或机构在生存斗争中确定自己的命运。弱者淘汰，强者生存。进步必须来自适者生存的不可避免的竞争。“放任主义”是任何时代和任何情况下的箴言。

另一种相反的观点是不要求政府公正，而是要求政府仁慈。在极端情况下，对于其治下的每个人而言，政府要成为一个慷慨的援助者。它会为饥饿的人提供食物，为贫穷的人提供衣服，为闲散的人提供工作，为那些从事赔钱买卖的人提供赠款，为那些切切实实感受到生存斗争中所固有的激烈竞争的人提供保护。这将使政府成为一个巨大的信托基金机构，所有公民都可以参与其中，并且通过官方带动的共同努力摆脱贫困的影响。

我认为，在这两个极端观点之间存在一个合理的政策领域。亚里士多德说："国家有责任去实现每一个有价值的目标，国家能够比私人在实现这些目标方面做得更好。"如果接受关于国家责任的这一观点，那让我们看看教育在多大程度上发挥其作用。教育无疑是一种有价值的活动。密尔（Mill）说："就教育而言，政府的干预是正当的，因为在这种情况下，消费者的利益和判断不能充分保证商品的质量优良。"

换言之，除非国家着手解决这一问题，并提供更好的教育，否则，如果国家提供的是一种廉价或低劣的教育，它将损害人民的教育。国家在基础教育方面的权力一直受到美国人民小心翼翼的护卫，而这种关心的结果一直是我们国家引以为荣的主要目标之一。美国的高等教育以及更大程度上的专业教育，一直允许它们按照"不干涉主义"原则自谋出路。结果怎么样呢？

"公立学校是我们国家的希望。"我们都赞同这个说法，在美国西部半数学校领导使用的信纸的抬头上都印有这句话。公立学校教育把民众的身份提升到了暴民之上。至少这种微不足道的知识对国家的凝聚力是不可缺少的。

怀特校长说："一群文盲，无论人数多少，就是一群暴民。如果这样一群暴民拥有上亿个脑袋——如果暴民的脑袋只是从冰块扩大到珊瑚，那么暴民还是暴民。暴民的愿望始终是邪恶的，因为它总是暴君的愿望，注重权力，而无责任意识。”

他继续说：“古代和中世纪伟大的共和国因为缺少能使公民正确认识自由制度并维护它们的启蒙教育而失败了。在近代，大多数为了共和制度付出的重要努力已经淹没在非理性、狂热、混乱和血腥之中。对于暴民，无法使他们产生任何责任感。它经历了从对蛊惑民心的政客的极端轻信到对政治家的极端怀疑，从对罪犯令人作呕的同情到对无辜者的嗜血凶残，从最狂热的鲁莽到最怯懦的恐惧的过程。要依靠宪法来控制这样的暴民，就像依靠大教堂的风琴来平息极度的愤怒一样。你们尽可能威严地制定你们的宪法，让正义成为宪法最深厚的基调，让宪法奏响人权之声，让宪法的权力制衡制度成为最巧妙的安排。政治家是否应当利用宪法的强大控制权来平息疯狂的党派斗争，或者狭隘的偏见，或者正在大陆上聚集的群氓中迅速蔓延的种族仇恨？”

改革家茨温利（Zwingli）[①]在三百年前发现，新教意味着国民教育，而国民教育意味着共和主义。新教意味着国民教育，是因为承认个人有权利形成自己的意见，使得国家有责任要为他提供使这些意见变得明智的手段。国民教育意味着共和主义，是因为私人对宗教的解释权授予了人们在政治问题上发表自己意见的权利。在人们有想法的地方，他们迟早要拥有发言权。

很久以前，在内战结束的时候，埃德蒙·柯克（Edmund Kirke）在《大西洋月刊》上告诉我们一个勇敢而不识字的侦察

① 茨温利（1484—1531），瑞士宗教改革家，否认罗马教廷权威，反对天主教教会出售赎罪券，主张废除教士独身制，解散隐修院等。——译者注

兵——约翰·乔丹的故事。乔丹来自贝恩河[1]的源头，在肯塔基州南部加菲尔德的军队中服役。这是一个真实的故事，旨在把两个勇敢和敬畏上帝的人的生活进行比较。这两个人的能力应该相同，出身同样低微。一个人戴着将军的肩章，再后来，我们知道，他成为美国总统，被所有的人熟知和尊敬。另一个人穿着用粗糙的土布制成的侦察兵衣服，内战结束后，他躺在坎伯兰山脉（Cumberland Mountains）中一座无名的坟墓里。这个故事告诉我们，这两个人的差异是以下原因造成的："俄亥俄州为一个人提供免费学校教育，而肯塔基州剥夺了另一个人的教育！"埃德蒙·柯克说："如果在南方每个十字路口都建有一所免费学校，那么每一个南方的'乔丹'都会成为'加菲尔德'。假如那样，在内战爆发前，联邦将会得到挽救。"

因此，"公立学校是我们国家的希望"绝不是一句空话，维护公立学校是一件有价值的事情，民选的政治家一定不能忽视此事。公立学校使所有公民都能得到益处，因为最终各种利益都会受到它的影响。

在美国，现在要问这个结果是否只能通过其他途径才能达到为时太晚。私人的善行、私人的企业、宗教团体的利益——所有这些都没有得到美国人民的信任，可以代替它们自己的一致行动。在西部开发的早期，法官大卫·D.班塔（David D. Banta）告诉我们，"我们有两件红色的破旧衣服，只要轻轻一抖，就能激怒民众。其中一个是宗派主义，另一个是精英统治"。我们年轻的民主国家一直处于恐惧之中，唯恐这些邪恶势力中的某一个会进入并控制它的学校。

① 贝恩河是肯塔基州利金河的一个小支流。——原文注

即使是现在，虽然早期的偏见在很大程度上消失了，但是我们的人民仍然十分警觉，以防任何组织把学校变成其私有财产。没有教会能与学校相比，学校最终超越任何政党的影响。学校可以进行宗教、道德甚至政治的教学，但只能是为了宗教、道德和政治的利益，不能为了发展任何政党，也不能为了扩大任何教派的追随者或者加强不同宗派之间的联合。无论如何，我们的人民在感情上有比这更一致的地方，他一定是一个忠实的信徒，的确，党派或教派的信徒不相信也不尊重一致的感情。

从另一个方面我们听到了反对国民教育的声音：公立学校使穷人对贫穷不满。普通劳工的孩子不愿继续做平民百姓。“快活的英格兰”（Merrie England）过去常常引以为豪的事情是这样的：每个农民和工人都满足于做农民和工人。对于那些获得了这个王国好处的人来说，看到比他们地位低的民众满足于继续原有的生活是一种无穷的乐趣。

但国民教育打破了等级制度的障碍，由此增加了那些被这些障碍所围住的人的不安。对世袭等级和头衔的尊重正在迅速消失，即使是在保守的英格兰，除了继承世袭等级和头衔的人以外，那些没有获得尊重的人也感到非常沮丧。

这种想法在美国并不缺少。一个世纪前，我的曾祖父约翰·E.瓦尔多（John Elderkin Waldo）在康涅狄格州的托兰镇说：“只有工人们再一次愿意整天为了羊头和内脏而干活，新英格兰才会再次出现富裕的好时光。”他认为，经济繁荣时期的消逝是由于“散布在山岗上的小校舍的影响，这些学校正在传播煽动言论和平等思想”。

但我们国家的进步是一直沿着这样的好人如此担心惧怕的路线取得的。这些小小的校舍所培养的负责精神已成为我们防止煽动行为的最安全的保障。聪明和自由的人没有煽动行为的冲动，因此，人们有权利看到每个孩子都能聪慧和自由地成长。他们必须创建自己的学校，他们明确自己的责任不仅是要使教育成为免费教育，而且要使教育成为义务教育。在美国没有哪个孩子有权利无知地成长。

假如公立学校归国家所有，那么国家的工作会止步不前吗？与其所在的社会相比，继续教育是与众不同的吗？阅读、写作和算术所附带的特殊美德是文学、哲学、历史或科学所没有的吗？国家只提供第一阶段的教育，然后把其他阶段的教育留给民众自行解决吗？

在欧洲，教育自上往下不断发展。从一开始，高等教育就处于公共控制之下，维护大学是国家的职责，这一点很少受到质疑。在英国，争取公共控制的斗争只涉及小学，而不是大学。现在英国学校问题中的一个荒谬之处是如何使教育成为义务教育而同时不免费。

在美国，同样的传统被继承下来，于是依靠公共基金建立的第一批学院自然而然出现了。靠直接税维持的州立大学，在联邦除最初十三个州之外的每一个州的机构中一直是一个突出的机构，后来产生的州大多数也不例外。而且，这些学校中的每一所学校的发展都与联邦的发展保持同步，并且成为联邦中的一部分。

八十年前，无知和自私对我们立法机构的控制不像现在这么严重，因为那时候一些有思想的人的影响更大。刚成立不久的印第安纳州州宪法规定："鉴于通常通过社区传播知识和学问对于维护自由政府至关重要，在全国各地增加教育的机会和好处非常有利于实现这一目的，州众议院有责任通过诸如旨在鼓励智力、科学和农业发展的法律，根据这些法律对促进和改进艺术、科学、商业、制造和自然历史给予奖励和豁免，支持和鼓励人文、工业和道德学科的发展。”为了实现这一目的，要求州众议院“根据法律提供一个综合的教育系统，按照常规的分级从镇区学校到州立大学不断上升，在这个系统中学费是免除的，对所有的人都同样免费”。州宪法另一个条款规定，“为了信仰的绝对自由，不允许把宗教测试作为获得任何受托基金机构职位或营利机构职位的资格”。这一切在印第安纳州都受到了守护。

从这一点可以明显地看出，西部的拓荒者本质上把学院看作是公立学校——类似于镇区学校，而且在他们的头脑里也没有对高校进行独立管理和资助的任何想法。但是，先辈们的判断总是可以重新考虑的。上一代人认为国家应该提供高等教育是明智的，就其本身而言这是没有争议的。鉴于今天的事实，我们的答案应该是什么？让我们回顾亚里士多德的话：“国家有责任去实现每一个有价值的目标，国家能够比私人在实现这些目标方面做得更好。”

我不需要为高等教育的价值进行辩护。怀疑高等教育价值的人超出了争论的范围。造就我们国家的那些人是受过教育的人，他们不只是大学毕业生——因为大学文凭没有什么特别的价值，相反，他们是拥有开阔的视野和崇高的理想的人，高等教育的目的就是培养这样的人。

康奈尔大学的摩西·C.泰勒（Moses Coit Tyler）[①]说，美国学院早期的毕业生在独立战争中取得了成功。论及高等教育机构对殖民地生活的影响，他说：“早期学院还有一个影响是对政治

① 摩西·C.泰勒（1835—1900），美国作家和美国史教授。1881—1900年任康奈尔大学美国史教授和历史系主任。——译者注

联盟和殖民地自由的影响。对美国自由和独立来说，我们应该感激那些学院。早期的学院教育了民众，通过培养领导殖民者起义的人加速了自由的到来。在独立战争爆发前十年就出现了人才的竞争。殖民地派出他们的大会代表开始发表政府文件，英国国王和议会期望在这些文件中看到粗鲁的争论和责骂。然而他们惊讶地发现这些文件中充满着庄重、坚定、智慧、稳健、理性和睿智。查塔姆（Chatham）说：'你在世界上找不到像这样的文章。希腊和罗马的历史也没有给我们提供任何与之相媲美的文章，所有强迫奴役这样的人的企图都将是徒劳的。'”“这些人是哈佛大学、耶鲁大学、普林斯顿大学、哥伦比亚大学、威廉玛丽学院的学生。”

安吉尔博士最近说，艾奥瓦州的历史就是其州立大学的历史。艾奥瓦州的伟大来源于它所培养的人的增长。如果艾奥瓦州这种情况属实，那么密歇根州、威斯康星州和弗吉尼亚州的情况更是如此，这些州对高等教育的所作所为比艾奥瓦州更加开明。

怀特校长说：“我们中许多最强的人所受的基础教育，仅仅是让他们变成了食肉猛兽。这种教育使他们的爪子变得更尖，使他们的獠牙磨得更快。高等教育，无论是在科学、文学还是历史方面，不仅提高了一个人的能力，而且给他提供了新的榜样和理想。高等教育提高了他的水平，使他看不起在应受到鄙视的腐败中获得的成功。我们国家和州的委员会声望的下降已经众所周知，其原因就是在那些委员会里受过高等教育的人的主导地位下降了。巴纳德（Barnard）校长的这篇令人钦佩的论文说明，在我们的公共职位中受过高等教育的人数逐年减少，这与在物质方面的腐败现象逐年增多不相上下。这不仅仅是一个巧合，这里面存在着一种因果关系。”

公立学校是我们国家的希望。同样，高中和学院是公立学校的希望，大学是学院的希望。教育系统的每一部分都依赖于其后更高部分为其确定的标准和努力方向。在教育系统中较低阶段的教师必须来自更高阶段学校中受过教育的人。砍掉树木上面的枝条，树干中的营养将停止往上输送。把上面的学校从教育系统中切除，那么教育系统的发展和进步也将停止。大脑的功能受到损伤意味着身体各个部分的麻痹无力。

早前，正如惠蒂埃（Whittier）[①]告诉我们的，“人民选派他们最聪明的代表去制定公共法律”。高等教育与公共福利的密切关系得到了所有的人的认可。约翰·亚当斯说，“是美国的学院给美国带来了荣耀与繁荣”。

不用说，早期的学院要么得到公共基金的支持，要么得到自愿捐赠的支持，每个人都参与了这一活动。泰勒教授说：“最强大的学院不是由外国赞助人创办的，而是由人民大众创办的。他们是贫困、自我牺牲和辛苦劳动的人。哈佛学院起源于民众的热情。在哈佛学院早期，所有殖民地的家庭都被请求给学院留出捐赠物品，每个人每年给学院的捐赠是一配克（peck）玉米或12便士的钱。所有人都心甘情愿地对这个请求做出了响应。”

学院与民众之间的直接关系是一种长期的互利互惠关系。它加强了公众对高等教育的兴趣，同时它促使学院要为人民的利益安排自己的工作。对学院的很高评价使得富人们非常关注学院。因此，随着时间的推移，把钱财遗赠给学院成为时尚。在较老的州，这些钱财通常是给已经建立的学校，而且，通过不断的遗赠，其中一些学校已经变得相当富有，可以不依赖公共资金的

① 惠蒂埃（1807—1892），美国贵格会诗人，废奴主义者。——译者注

资助。

在西部和南部，这种慷慨更多地体现在建立新的学校方面，而不是使旧的学校变得强大。随着位于森林和大草原地带的小城镇发展成为大城市，人们可以通过一些潜在的生机力量，使小学院发展为伟大的大学。只有民众对教育的慷慨捐赠持续下去，冠名为学院或大学的学校才能布满整个国家——平均每个州应不少于十二所。其中几所学校获得了大量的捐赠，更多一些的学校获得了部分捐赠，而大多数学校一点捐赠也没有获得。但无论学校贫富或强弱，每一所学校都会以某种方式努力使其创办者的思想长存，努力使其创办者的英名不朽。

其中许多创办者的名字令人尊敬，他们热爱学习、崇敬智慧，他们希望以他们唯一可能的方式去帮助发现和传播真理。只有当这些学校的创办者个人被遗忘的时候，其他人的名字才会受到敬重。这些人的最高动机是要获得一个不朽的作品，即使不能更长久地存在，那也要比黄铜纪念碑更惹人注目。由富人创办的学院为了持续发展被迫依靠有钱人的捐赠，学院有时虽然并不常见会因为得到的好处或期望得到好处而被迫从事降低身份的工作。在我们的学院中，不止一所学院的官员，因为害怕得罪一些富有的赞助人，几乎没有一个敢声称学院的主要决策人是他们自己。在新英格兰有一所古老而享有盛名的学院，直到现在学校的教师仍担心冒犯镇上两个有钱的未婚妇女而做事小心翼翼，因为学院希望获得她们的金钱。

对少数人大量捐赠的日益依赖，使我们的学院有越来越远离民众的倾向。一所完全靠捐赠基金资助的学校常常很少关心公众舆论，因此很少有动力去利用其对舆论的正确影响。它往往不再对时代精神做出响应。时代精神与它擦肩而过。它成为保守主义的总部，校园内一直持续使用过时的方法和陈旧的思维模式。这些学院需要接受一次林肯所谓的“人民的洗礼”——学院的出现就是为了加强与人民的联系，加强和激励与人民的联系应该是学院的使命。不顾民众影响的捐赠，无论它为研究工作提供了多么大的物质支持，对于进取和激励精神都会有很大的破坏作用。

对于一所学院来说，它应该依赖于它所服务的人民的意愿，这并不是一件不幸的事。最早的女子教育学校——曼荷莲学院（Mount Holyoke Seminary），直到今天既没有受到赞助也没有大量的捐赠。该校的创始人是一位妇女，她拥有极大的热情，她把一切——她的一生——全部奉献给了女子教育事业。玛丽·劳茵（Mary Lyon）恳求的不是让几个富人各自捐出十万美元 在股票或生意上成功交易的收入，而是让新英格兰地区的农民、牧师、机械师和店主每人都拿出一些结余。成千上万的好心人的祈祷、泪水、祝福和少量的金钱，给这所学校的信念和希望带来了最坚实的基础。

胡贝尔（Huber）说，牛津大学在既没有楼房也没有土地的情况下，“它在知识方面的重要作用得到了充分的肯定”。当它获得了大量特权和巨额捐赠时，牛津大学在知识方面的重要作用因为各种官样文章、虚文浮礼和闲职的增多而失色，成为保守主义、反对现代文明和现代科学的大本营。

达尔文论及他那个时代英国大学的教学是“令人难以置信的沉闷”，几乎所有的学系都是在完全浪费学生的时间。就在几天前，从其中一所学院毕业的学生跟我说：“牛津大学有一半教授依靠他们的津贴生活，并且几乎所有的教授都狂饮滥喝。”生存竞争是进步的基础。让大学里所有的教授都置身于这一竞争之外，大学的作用将迅速下降。这是自然规律，任何事物都不可避免。凡是有生命的事物一定会显示生存的理由。

不久前，多林格博士在慕尼黑大学说，整个美国没有一所学校可以进入三流德国大学的行列。这种情况可能是真实的，就特权和捐赠而言，因为饿狼就守在我们最富有的学院门口。但是学院的用处不是用它的规模，也不是用它的物质设备来衡量的。耶拿三流大学的教授恩斯特·海克尔（Ernst Haeckel）[1]告诉我们，在大学里实际进行的原创性研究的数量通常与大学设备的完整性和昂贵程度成反比。这个悖论是有事实基础的。

我们经常论及大学及其机能或需要，好像大学是一个独立的生物，为了自己而存在着。大学只存在于组成大学并指导其活动的教师中。大学的存在是为了学生的利益，并且通过学生扩大文化和增加人类知识的总量以造福社会。它唯一的收获就是使这一福利变得更大，它唯一的损失是其作用的减弱。所有的财富和设备问题相对于这一方面来说完全是次要的问题。大学的价值并不与其规模大小成正比，而是与其积极作用成正比。真正的大学精神不在于它的建筑物的大小，也不在于它的教授或学生数量的多少。用老改革家乌尔里希·胡腾（Ulrich von Hütten）[2]的话来说，大学只询问是否“自由之风正在吹拂”。

毫无疑问，富人们会为我们整修道路，建立法院，拓宽街道——会为公共利益做任何事情——假如国家忽视了这些事务，或者把这些事务交给私人办理。但这并不能免除人们在这件事上的责任。人民只有独立自主才会有安全。怀特校长说：“如果一个国家或政府因为考虑到数百或数千美元，把其高等教育系统交

① 恩斯特·海克尔（1834—1919），德国博物学家。——译者注

② 乌尔里希·胡腾（1488—1523），德国人文主义者和改革家。——译者注

由活着的捐赠者或死去的遗嘱人的信仰与奇想来控制和限制，那么没有哪个体制比这个国家或政府更有悖于共和体制了。几个世纪以来，在不止一个国家中，死亡之手从埋葬着已经逝去的几代人的坟墓中伸出来，带着致命的寒气放在了高等教育机构之上。在我们国家，不止一所高校已经感受到了它的控制和寒意。如果我们在任何事情上都应该管理自己，那么高等教育也应该包含在内。”我们应该信任人民来判断他们自己的需要，而且应该相信真正的需要最终一定会得到满足。

但是，我们可以不依靠某个或多个宗教团体的利益来提供高等教育的手段吗？如果可以允许它以自己的方式进行教育，我们主要的宗教团体，至少有一个可以随时减轻国家对高等教育或者基础教育的所有负担。但是人们不愿意出现这种情况。他们认为公立学校应该不受各种教派的任何影响。我们中的其他一些宗教团体，大多数情况下，放弃为基础教育提供支持的所有愿望和权力，它们更愿意把力量用在高等教育上。这显然不是由于高等教育更加重要，也不是因为宗教对年轻人的影响比对儿童的影响更大。这仅仅是因为学院更加便宜，以及与较低年级学校系统相比，学院可以被更加明确地控制。

我对教会学院的宗旨没有什么可说的，也没有什么可以批评的。如果它们对拥有更高目标和更好设备的学校没有妨碍，它们就不会有害处。如果它们像耶鲁大学和哈佛大学一样，转变为目的最广泛的学校，不管名字如何，它们都不再是教会学校，而是州立学校。许多教会学校设备优良，人员齐整，它们为争取良好的教育以及创始人认为是正确的信念而进行有力的斗争。但其中有太多的教会学校，其创始人的热情超过了他们的实力，而一些一知半解的教授所做的炫耀自吹已经代替了真实的表现。

对于美国所有的教会学校来说，非常清楚的是，年轻人的高等教育纯粹而简单，不是也不会成为它们的主要目标。这些学校的建立主要是为了促进某些教会组织的发展和维持。这是一个有价值的目的，这一点所有的人都必须承认。但是我们并不简单地把这个目的看作就是教育。

不久前，我看到一份来自我们最好的教会学校校长的呼吁："除非你愿意看到我们的教会从西部消失，否则不要让我们的学院消亡。"这等于承认了教会学校的最终功能。教会依靠教会学校，因为它能为教会提供受过教育的人。教会学校应该为教会提供领导人，这些领导人所受的教育越好，对所有人越有利。

但这一阶段的教育并不是国家的工作，因此，私立学校或教会学校不可以进入国家的教育计划。为了做好国家的工作，教会学校必须停止自己的工作，因为任何组织都不可以在国民教育的源头之处影响它的发展。我们的权利法案——《国家宪法》，承认所有的人享有平等的权利，无论他们的宗教信仰或倾向是什么。如果高等教育计划只包括教会学校，那么这就不可能成为事实；如果所有的学校都是教会学校，那么在这些学校中管理机构势必属于某个特定的宗教派别。

如果国家对高等教育负有某种责任，那么教派学院的存在并不能免除它的这一责任，正如平克顿（Pinkerton）①的和平缔造者们的存在不能免除国家维持有效警察制度的责任一样。大学的功能是自由探究和传播真理。但教会学校也一定会支持对作为终极真理的某种教义进行辩护。最崇高的工作要求目的的绝对单一

① 平克顿，美国安保行业的领导者，起源于艾伦·平克顿（Allan Pinkerton，1819—1884）1850年成立的平克顿国家侦探社。——译者注

性。学校无法为两个有控制权的人服务；学校维护部分人的特殊工作就无法满足整体人群的需求。

美国高等教育最不幸的特征在于其教育资源极为分散。地方的自豪感和教派的热情同样都是这一特征产生的原因。多林格博士曾说，在我们四百所美国学院和大学中，没有一所能比得上普鲁士王国支持的八所高校中排名最后的一所大学，如果情况真是如此，那么我们要谁为此负责呢？不是我们的贫穷造成了这种情况，因为纽约、宾夕法尼亚、俄亥俄和伊利诺伊，即使与普鲁士相比，它们也并不贫穷；不是我们的吝啬造成了这种情况，因为没有人比我们更慷慨地捐赠；不是我们的院校年轻造成了这种情况，因为这些院校中有一半以上的学校比伟人的柏林大学创办得更早。就是这个原因，也仅仅是这个原因——教育资金的分散，无论是公共资金还是私人资金都是如此，它们都是在当地院校的野心或妒忌下形成的。每个州都创办了许多小型学院，每个学院都野心勃勃地想控制其附近地区的高等教育，每个学校肯定会或多或少地阻碍其他任何学校可能向更好的方向发展。让我们举个例子吧：

堪萨斯州的一个房地产城镇在一年内建立了四所大学，这些院校没有资金，也没有信贷，这些学校的生存只能靠长期寻求富人或富有的教派的赞助。显然，这不是对堪萨斯州的教育需要所做出的回应。在美国西部有一所小学院，该校几乎活在一所卓越的公立大学的阴影下，多年来不停地向东部的教友发出求助呼吁，理由是它是其所在的伟大的州“唯一的教育绿洲”。我们还没有达到可以比肩普鲁士大学这一目标。在过去的三十年里，我们学院的数量翻了一番，而且还在继续增加，远远超过了质量提高的速度。

怀特校长在1874年说："在过去的二十年里，我看到过许多这样的院校，我坦率地承认我看到的情景令我很难过。从一个伟大的州到另一个州，你会发现这个不幸的制度产生了同样可悲的结果——在我们绝大多数州，没有一所学院或大学是名副其实的，只有许多名字浮夸、设施很差的小学校，每所学校都尽力阻止建立任何更大更好的学校。到达我们伟大城市的旅行者通常在火车站下车，火车站的造价超过了州里所有大学的大型建筑物的费用。旅行者下榻的旅馆所获得的资金收入要比整个大学获得的数百万人的捐款还要多。他参观了为精神病患者、智障者、聋哑人、盲人甚至是穷人和罪犯修建的救济院，他发现这些救济院就像是豪华住宅。他参观了用于培养具有健全心智和严肃目的的年轻人的学院教学楼，这些年轻人是该州最宝贵的财富，但是他常常发现这些教学楼就像是简陋的营房。"

"在这些学院的教师中有许多卓越的人——他们是能为世界上任何高等教育机构带来荣誉的人。我们国家的这些人，如果在一个更好的制度下，会出色地开发我们人民的智力资源和我们国家的物质资源。但是，受缺少书本、缺少仪器、缺少高级教学所需的一切条件的限制，更重要的是受现有制度精神的限制，其中很多人已经失去了这种能力。"

在今天的西部，这种形象绝不会像它在二十五年前那么黑暗了。这种情况转变的原因在于州立大学的兴起。直到最近几年，这些学校一直在与许多不同的命运做抗争，当每所州立大学最终获得成功时，它们的发展成为我们近代教育史上最突出的特征。

当州立大学摆脱了传统大学自己强加的羁绊，变成了由公共资金资助，为了公共利益而存在的公立学校，它们在赞助者、数量、设备和效用方面开始了真正的发展。它们得到了应该得到的东西，在未来它们也将获得应该得到的东西。无须预言家预言，在下个世纪中叶之前，公立学校系统的这些产物将成为我们大陆上主要教育力量的核心。人们会为此花上数百美元，也许，现在已经为此花钱了，不过投入高等教育的每一美元将会得到全额回报。国家的伟大不是用数量或者土地来衡量，也不是用税收的钱，而是用民众的智慧，用这个国家那些已经学会照管自己的人来衡量。

有时人们建议将所有高等教育仅仅视为商业问题，让智慧在自由市场上出售，让它的价格由供求规律支配。大学教授经营精神商品，就像店主经营物质商品一样。让大学教授像商家所做的一样，在他的店里装满人们愿买的商品，并为他拥有的商品做广告。在此基础上，他不会长期持有滞销品。在商业上保守主义没有机会。这是一个商业时代，因此教授们应该自我管理。如果人们需要的是记账或跳舞而不是拉丁语和希腊语，他们可以拥有它。如果人们保留旧的偏见支持古典教育，他们就可以拥有最新的肖托夸（Chautauqua）[①]模式的经典课程，所有的课程都用英语教学，所有的游戏都被保留，所有的作业都被排除。忙碌的人可以不中断他们的日常工作而上大学，与此同时供求规律将左右一切。商业在使课程现代化方面不会有任何困难。和女帽制造业一样，最新的时尚可能会在教育领域得到引用。

上述的建议除了使学院变得廉价和庸俗外，不会有任何结果。最高层次的需要不是群众的需要，更不是大多数人的需要。

① 肖托夸，19世纪末20世纪初美国非常流行的一种成人教育运动。1874年，美国基督教卫理公会牧师约翰·H.文森特（John Heyl Vincent）和商人刘易斯·米勒（Lewis Miller）在纽约州肖托夸湖畔的一个营地组织了第一个肖托夸集会。——译者注

没有直接经济效益的研究能获得的赞助比现在更少。庸俗成为满足于劣等物品的条件。每天依赖日常收入的大学必须迎合庸俗。庸俗，据说也是民主社会积重难返的恶习。如果民主社会导致了庸俗，那么它会使自己的目的落空。普选权存在的合理性就是要使大多数人变得更好，而不是把更好的人带到大多数人的水平。许多人只为基础知识做好了准备。高级科目的教师在自由经济竞争中会经受极端贫困，而能训练许多人记账或拿到六个月证书的教师会得到赞扬。如果高级教师的费用相应地增加，那么只有富人才会聘用他，而富人会发现自己在其他国家的捐赠学校里能得到更好的服务。

如果任何事情都留给商业竞争，那么对于学生数量的需求而不是优秀学生的需求将会得到加强，对学生数量的需求在我们的大学中已经非常强烈了。假冒药或成品衣经销商所熟知的各类广告花招，将成为我们高等教育中永久的部分。低价供应的廉价商品会获得非常好的销路。在这件事上，我们不需要相信理论。在印第安纳、俄亥俄、伊利诺伊、爱荷华和堪萨斯，大约有四十所私立学校被称为学院。在自由竞争计划中，这些学校在没有捐赠或设备的情况下运行着，它们的目的就是为了赚钱。人们不必参观其中的多所学校就能清楚地看到完全把高等教育交给企业办理的结果是什么。任何形式的教育慈善、私人捐赠、公共精神、宗教热情，甚至任何其他方式都能带来比这更好的结果。因为教育的本质不是某种可以进行买卖的东西。教育的本质是激励人向善而行，在我们的股票交易所里这是无法进行估价的。

如果快速的销售和持续的盈利成为教育进步的口号，未来的学生关注的是黎巴嫩和瓦尔帕莱索，而不是约翰斯·霍普金斯大学或哈佛大学，那么纽约、密歇根、威斯康星和加利福尼亚已经为高等教育付出的巨额费用将是一种不必要的浪费。

但是，有时候人们说国家无法正确地管理自己的高校。在公共事务中无知和腐败往往占了上风，据称以人民的名义所从事的工作肯定会受到无知的损害、党派偏见的影响或贪污渎职的玷污。六十五年前，印第安纳州立大学的第一位教授巴纳德·R.霍尔（Baynard R. Hall）说："我们倾向于认为，没有什么能使州立学院和大学变得非常优秀。但是，对于美国政府来说，在购买新的货物时对每个用途都要进行公开辩论，尤其是在无知、偏见和自私的人中进行辩论，没有什么能比这使州立学院和大学变得更糟糕。"

这个问题触及了民选政府的基础。一般说来，国家事务在开始阶段往往治理得不是很好，需要经过多次试验。在任何一项工作由能胜任的人来完成之前，人都会犯下许多错误，但是错误是获得教育的一条途径。合适的人迟早会被发现，公共机构的正确管理会证明其存在的合理性。做得很好的工作永远不会被完全抹掉。从长远来看，很少有公共机构比州立学校更少地受到党派的影响。当赞成政党分肥制的人一旦松开对权力的违规控制，它永远不可能恢复。在弗吉尼亚政治遭遇黑暗的日子里，当州政府的公正名声被每一个党派的分肥者利用时，该州有一样东西在任何程度上从来没有被他们触碰过，那就是弗吉尼亚大学的荣誉。在内战之后的所有丑闻和混乱中，史密森学会或西点军校受过有害的干扰吗？州立学校是为实现没有贪污腐化的目标服务的，因此人们不会容忍贪污腐化控制州立学校。在适当的时候，每所公立学校的管理都将与最高的民意保持一致。迟早有一天博学的人会成为领导者，因为他的领导能力既是对他的智慧的检验也是对他的智慧的证明。

公共慈善机构结果很糟糕，这不是根据推测，而是根据实践中的某些关系得出的结论。它们的不良影响往往会不断扩大并长期存在，因为每个机构都倾向于扩大其功能，而公共慈善机构的唯一合法功能就是使公共慈善机构变得没有必要。州立学校一开始并不好，因为它们处在不稳定的力量控制之下。但它们发展得越来越好，因为它们往往会使这些力量变成自己的支持者。所有的学校都趋向变得更好，因为它们都想获得自己的支持者。同样地，所有的慈善机构都易于蜕化变坏，因为在这种情况下对机构优良的要求会尽可能少。学校和慈善机构都不是企业投资，它们不受管理营利性企业的法律的约束。

方法的好坏必须根据它们的结果来判断。高等教育中的合作一直是合法的，因为那些受教育者没有钱，而这是大企业可以承担的。合作和增值是扩大学校所必需的。同样，我们必须检验经营任何企业的最佳方法。阿莫斯·G.华纳（Amos G. Warner）博士说，如果发现空气由私人控制或者由市政垄断能获得更好的结果和更好的空气质量，他会支持这样做。这类问题无法通过推测，而只能通过试验来解决。

关于应用教育的问题，我只简单地说一说。

人们是否该为技术或职业教育以及普通教育做准备呢？我的答案是肯定的，因为除了国家之外没有其他机构会做这种应该做的工作。

联邦政府已经认识到职业教育的缺乏，并为此提供了慷慨的支持。联邦政府为每个州提供了土地和资金，目的是在机械、工程和农业方面进行教学和研究。每个州都接受了这种赠地和资金，每个州都尽职和成功地开展了这项工作。

我的结论可以概括如下：

对于人民提出的各种需求，国家必须提供满足人民需求的途径。无论国家可能需要什么学校，国家都必须创办这种学校并对其进行管理。

如果国家没有提供教育的途径，无论是高等教育还是基础教育，这些途径永远不会得到充足的供应。人们必须联合起来做这项工作，因为从长远来看，没有其他机构能够做好这一工作。此外，任何其他方式的资助，迟早会成为学校与人民之间不断扩大的分歧的起因。

我们几个州的第一部宪法就含有体现教育智慧的内容，当时这部宪法规定了一个通用的教育制度，从镇区学校到州立大学按照固定的分级升学——这一制度是自由和平等的，是向所有的人开放，而且是平等地向所有形式的宗教信仰开放。

加利福尼亚州追随着密歇根的榜样也采取了明智的做法。当时，加州规定把涉及所有技术和专业工作中的专业教育添加到这一教育系统之中，在专业教育中形成的个人能力或智慧有助于为这个社区或该州带来优势。加州的下一个任务是使这一规定更加完善，使职业学校在它们努力完成的任务方面能够做得更好。

7

女子高等教育

关于年轻女性接受高等教育可以归结为三个问题：

1. 女孩应该接受高等教育吗？

2. 她应该接受与男孩相同的高等教育吗？

3. 她应该与男孩在同一所大学接受教育吗？

关于第一个问题，它必须取决于女孩的地位。男孩也同样如此。我们应该怎么做，取决于他或她的发展潜力。没有父母会让子女在没有做好最佳准备之前踏入社会。确实有许多大学毕业生，无论男女，在学校尽其所能完成学业后踏入社会并没有很大作为。诚然，正如我在其他地方所强调的，“你不能把高等教育强加于毫无准备的人”——女孩也是一样。事实上，高等教育并不仅仅是一个为伟大的事业培养伟大的人的问题。即使是小人物，也要为他们认为有可能做到的更重要的事情做好准备。女子教育也是如此。时代对女子教育的需要变得势在必行。社会进化的最高产物是文明家庭的发展——只有明智的、有教养的、品格高尚的女性才能造就文明的家庭。培养这样的女性是高等教育最重要的功能之一。任何有能力成为这样的年轻女子都不应该被宣告低人一等。即使是那些外表看起来过于迟钝或优柔寡断而不能成为有崇高的智慧理想的女性，可以这么说——让她们尝试接受教育不会有任何危害。对这样一个重要的尝试来说，花费几百美元并不算多。伴随着高尚的思想和崇高的理想度过一生中最美好的四年时光，一定会使她们终生难忘。女子变得博学，同时具有女性气质，将成为一个拥有巨大影响的人，这种影响可能在未来几代人的生活中永久存在。男人成功与否不是由政府的形式所决定的，而是由他们的母亲或妻子的性格和影响所决定的。女子高等教育对未来的影响要大于所有可能的立法改革，而且它的影响并不仅限于家庭。女子高等教育意味着更高标准的男子气概、更加全面的教育，培养出更加优秀的男人。因此，让我们像教育男孩一样教育女孩。充足的教育不但应该是美国每个男孩与生俱来的权利，而且也应该是每个女孩与生俱来的权利。

关于第二个问题，我们应该给予女孩与男孩相同的教育吗？我的回答既是肯定的，也是否定的。如果我们出于“相同”是指具有同等程度的广度和深度，同等程度的适合崇高的思想和明智的行为，那么是的，它是相同的。如果这个问题的意思是我们是否应该用完全相同的课程来达到这个目的，那么我的答案肯定是否定的。因为同一门课程对于不同的人会产生不同的效果。平常的“大学课程”通过一代代人往下传递，完全是因循守旧的。它是一系列妥协的结果，试图使培养牧师和绅士的传统教育适应不同社会时代人们的需要。旧的学院课程不能满足任何人的需要，因此它对所有的人都一样无用。在过去的二十年里，美国的教育已经觉醒并且正在打破旧制度的束缚。新教育的本质是个人主义。其目的是给每一个年轻人提供那种能使他成为真正男子汉的教育。新教育不是一个或两个世纪以前培养那个时代大多数男孩的教育，而是培养独特的男孩的教育。为什么1895年的大学生比1875年的大学生人数多十倍？其中一个原因是，与二十年前那种狭窄的课程对人的影响或帮助相比，人们现在所接受的大学教育的价值是其十倍。

在今天的大学里，学生在课程方面有了最大的选择自由。教授建议学生自由选课，认为课程的灵活性使各种类型的人才都有可能获得合适的教育。因为今天的大学所帮助的人数是过去大学所希望达到的十倍，所以它的价值也是过去的十倍。这种差异的出现是因为特殊行业的发展和选修制的发展。选择权带来做出正确选择的责任。选择能力使大学生成为真正的男人，并将大学工作从各种学习任务与娱乐的交替转变为与其生活事务的适当关系。与此同时，旧的理想并没有在价值上增加。如果我们的大学回到中世纪从事毫无价值的工作，回到它们二十年前从事的工作，那么大学的教授将要对着空板凳上课。今天在那些仍然坚持这些传统的大学里，教室里的长椅要么是空荡荡的，要么是坐满了懒汉，对一所大学来说这种情况比大学倒闭还要糟糕。

年轻女子与年轻男子一样是一个独特的个体，她的学习与男子的学习一样，也是因与她的生活有关而有所收获。然而，一个满足不同男子的不同需要的院校也可以满足不同女子的不同需求。男人和女人这两类人对知识的需求在许多重要方面并没有什么特别的不同。专业的或职业的需要，只要它们是独特的，就会给他们自己带来满足感。那些已经接受了女子高等教育的人知道，她们可以和男子一样符合最严厉的要求。要不是这种要求受到男性鼓励的话，没有人要求女性学习简单的或“伪善”（goody-goody）的课程。在这个问题上，供应总是先于需求。

当然，男女学生之间也存在一定的差异。女生通常更富有同情心，记忆力或理解力更强，更喜欢工艺。她们在语言和文学方面，或经常在数学和历史方面表现突出。总的来说，她们缺少独创性。她们对尚未解决的问题不感兴趣。在应用归纳法的科学或“不精确的”科学方面，她们很少领先。她们大脑的“发动机”和天性并没有得到很好的开发。她们既不是为了成绩而学习，也不是为了学习的乐趣而学习。在传统课程中——传统上为男生准备的课程——她们往往学得非常好。这并不是说这些课程适合女生，而是女生就教育目的而言更听话，更少挑剔。以上说法也有许多例外。然而，下面这一点，那些既教过男生也教过女生的人一定会赞同。女子教育如同男子教育一样严肃，如同男子教育一样重要，对男女双方而言没有什么教育是足够的，因为他们所受的教育都没有达到最好的程度。

关于第三个问题，女生应该和男生在同一个班级里上课吗？在一定程度上这是一个审美问题。让男生和女生在同一个教室里上课对他们不会有任何坏处。但是如果他们不愿这样做，那就让他们以其他的方式上课好了。关于是否把技术学院与文理学院统一在一所院校里的讨论有很多。人们把技术教育从通识教育中分离出来从而强调技术质量。但是我认为要培养更优秀的人才，技术教育与通识教育是不能分开的。通识课程和学习通识课程的学生，可以从由技术性课程所培养的实用性和现实感中获益，而接受技术教育的学生，可以从人际交往和总趋势是朝向更广泛的同情和更深刻的见解的影响中获益。

女子学院或多或少是一种技术性学校。在大多数情况下，其目的确实是这样陈述的。女子学院是培养职业女性的学校。它鼓励的女性思维多少有点不同于我们称之为男子气概的朴素的思维。女子学院最愉快的工作往往伴随着紧张的压力，好像它的实行者担心缺少某个外部标准。人类最好的工作成果是自然的，是无意识的，是大脑与正在考虑的问题相接触的正常结果。

我认为，在这方面展现了男女同校教育最有力的理由。这一理由在认可和尊重学生个性的学校中尤其令人信服。在这样的学校里，每个男生在与积极的活动和现实的联系方面可以成为女生的老师，同样地，在其他方面，每一个受过教育的女生是男生的老师。

在单独为女性设计的女子教育中，倾向对审美和秩序的学习。文学和语言优先于科学。表达被认为比行动价值更高。把这一点扩大到极端就是，思想与行动之间必然的联系变得模糊不清。获得的学问是无效的，因为它与成功无关。受过教育的女性很可能掌握了工艺而不是艺术，掌握了方法而不是实质。她可能知道的很多，但她什么也做不了。在她找到自己在这个世界上的位置之前，她的人生观常常得经历痛苦的转变。

在单独为男子设计的学校里，情况往往相反。现实感掩盖了审美与合适的内容。男生和女生在教育中平等地交往，这对他们都有很大的好处。引导女生与那些会做很多事情的男生接触——男生有很强的现实感，而且在生活中很有主见。这种作用会对她们产生终身的影响。它使女生远离感伤主义。它为她们的宗教思想和感情冲动确定了基调。最重要的是，它倾向于鼓励由理想支配的行动，而不是依赖由任性支配的行动。当行动的责任落在她们身上时，它为她们提供了什么是可能和什么是不可能的更好的标准。

同样地，与博学、理智、健康的女性交往对年轻男性也有其价值。即使是最强烈提倡男女同校教育的人，也从未充分认识到这一价值。它提高了他们关于女性气质的理想，最高的男子气概必须与这样的理想联系在一起。这一事实在许多方面表现出来，但是要指出它的存在这篇文章应当足够了。

目前，满足女子高等教育的需要有三种不同的方式：

1. 独立的女子学院，其课程或多或少与男子学院的课程类似。其中一些学院的教师全都是女性，一些学院的教师大多数是男性，还有一些学院的教师男女比例大致相同。在几乎所有的这些女子学院里，那些旧的教育传统和纪律比在男子学院里更加盛行。几乎所有的女子学院仍然留有一些宗教或教派控制的痕迹。总而言之，时代思潮正在产生或多或少的动荡，女子学院发展过程中所发生的变化与那些男子学院类似。

2. 附属于男子学院的女子学院。在这些学院中，虽然男生和女生待在不同的班级或教室里，但是为男生提供的教学有部分是与女生重复的，女生或多或少有与男生共用图书馆和博物馆的机会。在其他一些高校中男女学生的关系更紧密，他们学习的权利相似，差别主要在于年轻的女学生受到行为准则的严格限制，而年轻的男学生则可以制定自己的行为准则。

在我看来，附属学院制度无法长期存在。附属学院的学生没有得到高校中最好的教育，而且这些最好的教育对她们来说也没有多大好处。她迟早会要求接受最好的教育，或者去能获得最好的教育的地方。最好的学生不会去附属学院读书。高校必须以平等的条件招收女生，或者根本不招收女生。而当另一所同样好的大学为她敞开大门时，毫无疑问女生没有任何理由会选择大学的附属学院。

3. 男女同校教育。在这一制度中，年轻的男女学生被准许在同一个班级学习相同的课程，接受相同规则的管理。现在这一制度已在北部和西部的州立院校以及同一地区的大多数其他学院中完全建立起来。它的有效性早已超出了那些熟悉其运作的人的质疑。在其他条件都相同的情况下，年轻男子更加认真，在礼貌和道德上表现更好，在各方面都比在禁欲的情况下更有教养。在与男性相处并受其影响下，女性以更自然的方式、更好的视角和更理智的动机做更多的工作。在男人不是稀奇物的地方，糊涂和犯傻都要更少些。在高标准的男女同校院校中，任何形式的轻浮行为或丑闻都是罕见的。恪守礼仪的责任从学校传到了女生，女生亦努力承担起这个责任。许多教授进入西部院校时对男女同校教育抱有强烈的偏见。这些偏见从未经受过经验的检验。做得很好的事情对思想和性格有补益作用。女大学生早已不再期待因为她是一个女孩而受到特别的宽容。她的地位与她工作的性质是一致的。

大学工作的性质因为男女同校教育在各个方面都下降了，这种观点是不对的。情况显然是相反的。确实，这种或那种不合时宜的热情充斥着西部许多所谓的学院。其中大多数学院实力薄弱，它们以糟糕的方式做着糟糕的工作。事实上其中大多数学院是男女同校的学校。这些学院中的绝大多数学生根本达不到大学的水平也是事实。在这样的学校里，标准普遍较低，无论在学术方面还是在行为举止方面都是如此。一个刚从乡下来的学生，他没有接受过预科教育，会把他家乡的行为方式带到学校里来。当我们去评价行为方式时会发现，这些行为方式并不总是好的。但这些缺陷没有一个是来源于男女同校教育，这些情况中也没有任何方面由于男女同校而变得更糟糕。

最后一个问题是：男女同校教育会导致男女学生走进婚姻的殿堂吗？当然，大多数情况下是会的，这个事实不需要也无法否认。但是这种婚姻通常不是那种草率的婚姻。毫无疑问，没有什么婚姻比那些建立在共同的兴趣爱好和学习的友谊之上的婚姻更好了。

认识了学院女生的男生是不会被那些没有崇高理想和良好教育的女性所吸引的。他的选择很有可能是他已经认识的最好的女生。同样，学院女生因为男女同校与男生接触较多而不会接受较差的男性的殷勤。

我这里有一所向男女生同样开放的大学的教师统计数据。在80位教授和讲师中，有27位男女教师仍然没有结婚。在其余的53位教师中，有21人在男女同校的院校获得了学士学位，并且与他们的大学好友结了婚；大部分来自非男女同校院校的教师中，有12人已经和其他院校的女性结了婚；另外，有20位教师的妻子不是大学毕业生。

可以看出，几乎所有的男女同校院校毕业生都和大学好友结了婚。在大多数情况下，大学男生都选择了大学女生；在所有情况下，双方都对男女同校制度的结果非常满意。这是高等教育为男女学生过上幸福和成功的生活做好准备的合法功能的一部分。

一位东部的教授最近访问了一所西部的州立大学，他向一位高年级学生询问其对男女同校教育存在的问题的看法。

这位学生说："对不起，你是指什么问题呢?"

这位教授说："为什么要实行男女同校教育？为什么在男性学习的大学里要实施女子教育呢?"

这位学生回答说："噢，在这里男女同校教育不是一个问题。"

这位学生是对的。男女同校制度在那些已经完全试行的地方从来都不是一个问题。

8

医生的培养[①]

① 1892年，在旧金山库珀医学院毕业典礼上的演讲。

人们普遍认为，美国教育结构中的各种要素在任何适当的意义上都不是一个教育系统的一部分。每一类学校都以自己的方式发展，以响应特定的需要，或促进某些教育传统的发展。我们的学院是英国的血统，大学是德国的血统。我们的专科学校是学院的孩子。我们的高中和职业学校在很大程度上完全不同于它们的源头，而是土生土长的机构。它们是遵照供求规律而产生的，它们的教学方法和目的常常与那些学院的教学方法和目的完全不同。

这些情况产生了一些好的结果。在传统的束缚最小的地方，发展的进程最快。这些束缚在我们的学院里最顽固。在我们所有的学校中，我们的学院直到不久前都是进步最小的。在我们的职业学校里，传统的束缚最小，但是，它们在自由中所获得的一切，都因为与其他教育机构的分离而失去的更多。不同类型学校缺少联系所产生的不良后果有很多且毋庸置疑。其中包括整个教育系统的脆弱和各部分力量的巨大浪费。当前许多最好的教育思想都致力于把我们的教育系统中分散的部分整合起来，并使它们之间形成合理的衔接。这次演讲只想谈谈这些问题中的一个，即医学教育与大学教育的关系。

按照通常的理解，学士学位是通识教育的指标，是衡量一个聪明的人能够从事专业工作的教育程度的标志。一般说来，大学把这个标准看成是低要求而不是高要求，随着我们教育方法的改进，学士学位的要求也一直在稳步提高。更好和更多的学习，是每一个成功的班级毕业所必需的。这样做的结果是，即使学生把全部时间都用于学校学习也很难完成大学教育，因为早在22岁之前他们就要准备开始专业学习，而由于各种原因被迫中断学校学习的人，在任何地方其毕业的年龄可能都在25岁至30岁之间。

这促使人们为了实际生活的利益而要求缩短大学课程。为满足这一需要，哈佛大学医学院在专业学习方面起到了引领作用，把大学课程从四年制减为三年制已经成为广泛讨论的话题。当然，相对于三年制、五年制或其他任何年制而言，四年制的课程显然并没有特别的优点。目前，关于把大学课程与中学课程或专科学校课程分开尚未形成普遍共识。哈佛大学的入学标准通常很高，这本身就是降低其毕业要求的一个正当的理由。然而，在那种情况下，对这个问题的讨论实际上只涉及哈佛大学。

但是，从医学专业学生的角度来看这个问题，摆在我们面前的是：大学课程太长了吗？课程确实太长了，但这是医学院的决定，也是伟人的医生群体自己的决定。通过把大学毕业生和来自农村地区学校的学生放在同一个班级里，进行同样的教学，医学院已经把初步的培训变成了一种奢侈品，而不是必需品。如果通识教育对于专业成功至关重要，那么医学院对那些进入医学院校的人也应该这样说。就我们大多数医学院校的官方行动而言，哪怕是未受教育的庄稼汉，只要他能在录取通知书上签名，也可以像最有学问的大学毕业生一样为医学教育做好准备。

我国的医生都在说着同样一件事情，即在医学领域受过高等教育的人比其他任何专业领域都要少。理查德·G.布恩（Richard G. Boone）教授向我提供的统计数据显示，目前美国大约有四分之一的牧师、五分之一的律师、十二分之一的医生接受过高等教育。有一些公认的事实，与医学生缺乏预科教育有关，其中之一是：就整个国家而言，在所有的各届学生中，医学领域的学生通常（虽然这条规则承认有许多个人例外）在生活中最鲁莽，对各种卫生守则和一般的行为准则以及其他学生最淡漠。现在的情况与几年前不一样了。医学院不断提高标准对这种改变肯定是有影响的。这一变化直接使没有受过教育的人更难获得医学学位，并且间接地使更优秀的人作为竞争者进入这一领域。这个行业的底层已经有很多人了；鉴于这一事实，对医生声望的竞争有所减弱。

目前正通过加强医生的通识教育来努力提高医学专业的标准，其目的是使医学成为应用科学的一个有价值的分支，而对它的追随者来说，“科学”并不是一个空洞的名称。在这个科学研究和发现的时代，知识的边界正在以前所未有的速度向各个方向扩展，但是医生却没有贡献他们的力量，为此医学界经常受人责备。

据说，虽然医生的工作使他们每天都能接触到正在进行的科学争论，但他们对此一无所知，也无法分享胜利的成果。在医生的职业道路上，存在着关于遗传学、心理学、细胞组织学、社会学和犯罪学本质的重大问题——所有关于生命法则的种种问题。个别医生已经发现了很多问题——远比外界所知道的要多，但是通常专业人士对这些问题并不感兴趣。虽然这些问题都与医生的日常工作相关，但是普通医生既不知道什么是已知的，也不知道什么是未知的。

当我们的医生做好准备的时候，整个刑法的管理工作将会移交给他们。犯罪或发疯的责任不能由法学来确定。法律治不好罪犯，法律所定的刑罚未必能有好的结果。罪犯也许能被治愈。如果无法治愈，罪犯会继续被监禁。对医生来说，社会必须寻求这些问题的补救方法。

如果医生所受的通识教育不足，如果他们确实没有在科学进步中分享到成功的结果，那么这两者之间没有联系吗？难道这里面没有因果关系吗？那么补救方法是什么呢？难道不是因为缺少通识教育吗？医学专业需要培养更优秀的人。从医学专业中把无知的人、轻浮浅薄的人、没有抱负的人、业务不熟练的人和临时工淘汰掉，把医学院的教育留给那些能够把天分、传统和学者的观点带入工作的人。

一位作家最近坚持认为，一个没有独立收入的人不应该学习医学。由于免费药房的竞争，医生不再确保能够在城市里谋生。免费药房是否是一个明智的慈善机构，也许是一个尚未明了的问题。但是，毫无疑问，有技术的医生有一个免费药房无法侵入的领域。我们向往的医生绝不仅仅是药物自动售货机。能力和智慧始终都很受重视并且会得到回报。受过全面教育的人不会害怕竞争，因为通过与他人的比较，他的价值就会显现出来。

为了使医学专业的学生能本着科学和学术的精神从事专业工作而进行的培训，我们必须求助于医学院。医学院的存在是为了给学生提供广泛的知识和技能培训，使男女学生在步入工作时具有广阔的视野和训练有素的头脑。医生的通识教育应该扎根于大学的学习之中。大学认为学科的数量和种类通常对于学生最高的专业成功至关重要，大学管理者根据文学学士学位的课程大致估计学科的数量和专业种类。医学学位，或与其相当的学位，已被美国医学学会作为其接受成员的标准。有一些教育的判断标准总比没有标准要好，不过这一标准可能会变动，这是学院自己所提供的唯一标准。如果我们要求或认可大学成绩，学士学位是唯一可用的方法，通过这一方法学生所受的通识教育可以得到体现。

显而易见，这个标准不是绝对的，这意味着一所学院的学科的数量和种类与另一所学院是不同的。今天的教育意义与十年前的不同，与十年后的也不同。我们花了很多时间把美国不同学院中涉及这一医学学位课程的不同内容制成表格呈现出来。其结果并不令人满意，因为这一学位的价值不是由希腊语、拉丁语、德语或任何科学学科的必修课程所占的百分比来决定的。在任何一门特定的学科中，学校所列出的数量最多的必修课，实际上可能恰恰是完成数量最少的课程。无论什么课程，选修制提供了最大的选择自由。但正是这种选择自由使其结果没有出现在百分比表格中。基本的事实是，由于教师和学者的不同，学生受到学者精神的启发，也各不相同。因此这种变化是事物的本质所固有的。这种变化是件好事，而且它的变化应该更大而不是更小，因为它最大限度地反映了优秀教师的自然的影响。在我们的一些大学里，有些人在优秀教师的指导下一年的学习成果胜于多年的普通训练。

此外，美国是一个地域广阔的国家，产生了许多不同的教育思想。在许多情况下，学位课程的变化与实际情况相比更加虚有其表；因为与年轻人最好的年华是花在心智训练上，还是花在应酬工作上，或花在游手好闲上相比，大学课程所追求的学科上的差异是微不足道的。

对于专业工作中的最好结果而言，学士学位的标准太高了吗？换句话说，等待着获得学士学位的医生因此在他的职业生涯中受到阻碍了吗？在这个匆忙的时代，他失去了再也不能重新得到的一年或两年时间了吗？我不这么认为，我相信这种观点无法得到数据的支持。美国学会（American Academy）的会员不如他们加入医师公会的医生成功吗？大学学位是那些积极工作的医生中落后的人的标志吗？陈述这个问题就是对这个问题的回答。最广泛的自然观和人生观与最高的专业成功息息相关。受过教育的医生是掌握了科学的人。没有受过教育的医生是庸医。

但是，正如我说过的，我们的医学院似乎不这样认为。大多数医学院的入学要求不仅与大学的毕业要求相去甚远，而且远低于大学入学所需要的条件。如果通识教育很重要，那么医学院就应该坚持它。从入学要求中可以明显地看出，医学院认为通识教育是不必要的。

我认为，这种情况的出现有两个原因：一个对这个职业而言是丢脸的，另一个对大学而言是有损信誉的。首先，我们大多数医学院缺少捐赠，要不然就是纯粹的私人企业。对医学院而言，作为一种商业，紧要的不是要求它们应该做好准备工作，而是它们可以得到什么。换句话说，它们被迫去迎合无知和缺乏耐心的要求，以便接受医疗行业的荣誉和报酬。出于同样的原因，毕业标准一直很低。高标准会减少讲课入场券的销售额。这个职业的入场资格已经降低了，医学院可能要自谋生路。如果不能在一定程度上自谋生路，那意味着医学院可能要关门停业。

我无意贬低这类医学院，因为许多最好的医学教师来自这些学校，并且在自主开业行医期间为学校提供了教学任务。但这不是理想的医学院，因为只有学校完全为了自己的工作——教学和研究而存在，没有任何不可告人的目的，它才能有效地发挥作用。它的教师绝不应该只关注现金账户的数额，它的审查人员绝不应该在缺少资金的情况下被迫颠倒黑白。未来的医学院将作为大学工作的必要组成部分而得到支持，大学教授的自由将是医学教师的权利。医学院同样有权利要求得到其他专业学院已经得到的资助。它们同样有权利要求得到富有的教育资助者所提供的捐赠。在西部和南部，一些大学与中小学校一样靠公共费用维持，医学院同样有权利要求得到公立学校系统中其他学校所得到的州的支持。

当一所医学院获得了丰富的捐赠，或者有了州的支持，它就会坚持要求这一职业所要求的良好标准。在此之前，医学院只能听任摆布。医学院的学生是其环境的产物，而不是学校本身的选择。

对教师进行适当的培训是一个实体经济的问题，这一点已经得到美国各州的认可，这一事实促使了州立师范学校的建立。我们认识到，彻底的专业教育是解决教育上庸医骗术的最好方法。对人们来说，支付教师的教育费用，支付教师因为所受到的教育而增加的工资，比依靠供求规律提供的毫无计划的培训费用更低。

曾经有一段时间，成为校长的首要条件是什么也不能做。但经验表明，这种教学是最昂贵的。它已经表明，一个月收入200美元的教师比十个月收入40或50美元的教师更能有效地促进教育的发展。

和教学一样，任何其他职业也是如此——廉价的工作永远都不好。在西部，人们常说这句话，这句话得到了我们的农民和技工的赞同。这些人应该更清楚，政府不应该资助培养医生和律师的学校。不应该对人们征税以帮助年轻人进入这些从业人员已经如此众多的轻松的职业。

让我们以另一种形式陈述这一主张：政府难道不应该要求服务其人民的律师、医生、检验员和建筑师熟悉他们的业务吗？为什么不做要求呢？难道我们没有大量的骗子和愚人的工作吗？在加利福尼亚州，每年浪费在庸医和假药上的钱，可以使加州每一个有接受教育能力的医生都获得培训。

因此，要培养出更优秀的人。为了减少职业中无能的人的数量，除了培养出受过良好教育的人与他们竞争外，没有什么更有效的方法。如果政府能要求每个医生或律师通晓他们应该掌握的职业知识和技能，庸医和讼棍肯定会像一堆石头前的一群流浪乞丐一样消失掉。但是，美国现在是他们的天堂。这些职业在美国人满为患，仅仅是因为它们根本就不是职业。

不久前，柏林大学拒绝承认从一所美国学校获得医学博士学位的毕业生入职。原因显而易见。在我们最好的学校里，这一学位的总体教育要求比柏林大学的要低。在我们最差的学校里，这一要求可能要落后七年。我们最好的医学院之一，最近已经决定每年都要把招生标准提高一点，直到1899年。当这一工作完成时，这个入学要求将成为同样的院校医学系新生班的入学要求。

美国医生通常是世界上最优秀的医生之一，但他们那些优秀的技能不是通过学校获得的，而是通过个人能力和与生俱来的聪明才智获得的。

大约三年前，我有幸遇见一位在欧洲被认为是典型美国医生的人——他是靠天赋自学成才的，而不是学校教出来的。因此，他受到了英国农村人的尊敬，但是他的经历对于人的教育并不能起到激励作用。我在埃文河畔的斯特拉特福德（Stratford-on-Avon）[①]——一个庄严而高雅的村庄里见到了这位医生。他驾着一辆由四匹名贵的大马拉着的镀金大篷车，穿着华丽的牛仔制服，戴着灰色的宽边帽，帽上缀着红色的毛花边，由一支打扮成牛仔、化装为印第安人的乐队陪同着。他正准备穿过英格兰，而马车上售卖着基卡普印第安人（Kichapoo Indians）的著名药物——“八月花”。这种药物通过简单的血液净化来治疗农村人所知道的各种疾病。一天之内，他在埃文河畔的斯特拉特福德为美国赢回了美国人在过去三百年里花在莎士比亚圣祠上的所有的

① 埃文河畔的斯特拉特福德，英国英格兰中部沃里克郡西南部地区，莎士比亚的故乡。——译者注

钱。周日晚上，我看到他坐在斯特拉特福德古老的红马酒店（Red Horse Inn）著名的雅座里，那里是纪念华盛顿·欧文（Washington Irving）[①]的神圣之地，在一个具有历史意义的雅座里就餐，对一个美国人来说是很有意义的。英国江湖医生的稀缺使得他的生意有利可图。

在不久前，一名医学生在纽约自杀了，他留下的遗言是："我选择死亡是因为这里不再有医生的位置了。"医生职业人满为患，可怜的医生被众多不称职同行压得透不过气来，而与此同时，医学科学正处在自盖伦（Galen）[②]和埃斯科拉庇俄斯（Aesculapius）[③]时代以来最伟大的发现的边缘。"不再有医生的位置了"，此刻，进化论开始照亮医学之父们所不知道的数千条道路；"不再有医生的位置了"，病菌理论正在外科、产科、传染病的治疗中开始其革命；"不再有医生的位置了"，有上千种防腐剂和麻醉药尚待应用，或更好地应用；"不再有医生的位置了"，随着新发现逐年增多，成为一名医生越来越有价值——因为每一年医生控制罪恶和死亡的力量都加强了。

医生总是有一席之地的，但是它只针对那些更优秀的人。从事医生职业的人并不特别多。医生职业并没有人满为患。人满为患的是医生之外的职业。我们医生中的绝大多数只有最常见的学校优势。世界上的许多事情是他们无法理解的，这有什么好奇怪的？不读"精装书"（bound books）的人无法分享科学的进步。

我无意以任何方式贬低那些从事最崇高职业并真正做得好的人的工作。我们有权利为我们最好的工作感到骄傲。只有在我们

① 华盛顿·欧文（1783—1859），19世纪美国著名作家。——译者注
② 盖伦（130？—200?），希腊解剖学家、内科医生和作家。——译者注
③ 埃斯科拉庇俄斯，希腊神话中的医神。——译者注

把大量无知的、经验主义的、欺诈的工作称为专业的时候，留下的记录才会变得黑暗，我们才会怀疑美国自由放任的医疗制度是否是一个明智的制度。

只有通过必要的教育，我们的职业才能恢复到过去受尊重的地位。医生们的工作必须以科学为基础。一个花费了数年时间向伟大的法律学者学习的人，不会为了25美元就把他的灵魂出卖给想要利用他的大流氓。严格训练出来的医生，不会以被伦理准则所谴责的任何一种方式出卖他的技术。一个真正的人，不能因为卑鄙的目的而被利用。地位高则责任重；专业教育意味着专业荣誉。只有最高的标准，才能清除职业的寄生虫和庸医。但对于人民的每一个需求，政府必须提供满足其需求的手段。

正如我说过的，医学生回避医学院有着另一个原因，即陈旧的必修课程存在着巨大的浪费，或者说任何课程都不能灵活地预先安排。这种浪费表现在以下三个方面：第一，把时间花在与学生未来毫无关系的科目上——这些思想活动并不构成其教育的一部分；第二，学生花在没有能力学习的科目上的时间，非但不能使其获得力量，反而会令其反感；第三，最重要的是，由沉闷的教师所教授的无用的科目，乏味、枯燥、机械，学生从中一无所获，因为在教师的教学中没有任何有用的内容。

我们那些已经完成大学必修课程的人，受到了高等教育中这些寄生虫的攻击。只有熟悉大学生活的人，才会意识到在不合适的教师指导下学习错误的课程所造成的巨大浪费；受到其中一种或两种有害影响而被逐出大学的学生，无人能估计出人数。其中许多坚持到最后的人，是因为他们的大学生活是在良好的友谊氛围中度过的，而不是因为被他们的老师或者他们将要学习的课程所吸引。

如果我们的医学院把四年的时间转让给大学教育，那么它们有权要求大学不要浪费时间。但它们不能要求任何特定的课程或任何特定的课程安排。它们只能要求学生有选择的自由，这将使他们能够避开不胜任的教师，在今后的生活中可能期望有所收获的领域进行学习。大学应该提供这样的学习手段，避免未来的学生去那种对如何使用手术刀和显微镜都一无所知的医学院。可供实验用的动物数量充足而价格便宜。在大学学到的解剖学基础知识远比在医学院解剖室学到的多。大学应该教授的是高级知识，而不是连肌腱的静脉都不了解的新手所要学习的粗浅的知识。

大学课程也应该教授医学生化学的一般知识和理论以及化学操作的过程。他应该掌握植物学、动物生理学的基本知识；关于比较解剖学的知识，关于生命、自然选择、遗传、变异、功能活动以及对外部刺激的反应的主要规律，它们构成了生物进化的基础。当他看到一种细菌时他应该很熟悉，并且应该知道如何观察它。他应该了解力的相互作用和守恒。简言之，他应该知道科学研究的内涵，并在某种程度上受到它的启发。此外，医生应该掌握良好的用英语说和写的能力。除此之外，他应该而且必须能够阅读法语和德语。掌握其他语言对他没有任何损失，学习文学、哲学或历史的知识也同样如此。

这里所考虑的课程实际上是由我们的几所大学本科院系提供的。然而，这是通识教育课程，而不是技术或专业课程。这一课程，或其同类课程，被认为是约翰斯·霍普金斯大学新医学院入学的必要条件。在提高美国医学教育标准所采取的行动方面，没有比约翰·霍普金斯大学要求把绝对不可缺少的精神文化作为专业教育的必要条件更重要的了。

但是，学生想要的这些东西是他在四年的大学课程中所无法得到的，无论他如何最大限度地学习多少课程都不行。即使把每一秒钟都积攒起来，整体的时间也不够。但是如果把时间用来混日子和死记硬背，仅仅是为了完成学习活动，那么四年的时间太长了。应使医学生在大学所花的每一小时都能得到公平的回报，让大学学位的要求在医学院招生时把那些不合格的人拒之门外，同时在生存竞争中也不抑制任何人。

医学院不必担心由于大学的忽视而无法提供必要的教育。让大学课程成为学生获得专业学位的必备条件，无情的适者生存法则会淘汰每一个无用的教师，淘汰那些为学生从事医学工作做准备的大学课程中各门无用的科目。

然而，我不希望给大学文凭施加太大的压力。大学文凭充其量就是一个临时性的东西——仅仅是一个人发展中的转折点，只是文凭看得见摸得着，通过它便于测量而已。有人说，人们“很少介意婴儿奖章”，虽然人们从来没有停止关注其背后应有的教育意义。

将来有一天，我们的学生将不再需要奖章；学士学位，连同大学的荣誉和奖品，以及我们教育儿童所用的其他玩具都将被放弃。所有这些东西都是形式，仅仅是形式而已，我们的高等教育正在快速发展而不再需要它们。通识教育和专业教育之间的隔阂将被打破，从而转变为双方的有利条件。我们应该有一所“任何人都可以学到任何学科的学校”，开始对人体进行研究并不意味着人文学科学习的结束。让每个愿意上学的人都来上学，让每一个人接受他能够接受的教育，让理想变得如此崇高，以致没有人会认为他正在达到他未曾有过的高度。学者既不能靠驱使也不能靠劝诱来培养。在任何职业中，受过教育的人的激励和榜样作用最能够保证他们的下一代同样会是有文化修养的人。

9

法学院与律师[1]

[1] 1895年，发表于《论坛》。

詹姆斯·布莱斯（James Bryce）[①]先生在论及美国的大学时，用了这样的语言来描述："虽然，在美国所有的机构中，大学是美国人说起来态度最谦逊，而实际上最不以为然的那些机构，但是，它们是那些似乎此时此刻正在取得最大的进步，并在将来最有希望的机构。大学正在提供的恰恰是欧洲评论家迄今为止发现的美国所缺乏的那些东西，大学正在对美国的政治以及美国的沉思生活（contemplative life）的内容做出不可估量的贡献。"

各种影响——德国的、英国的和美国的——正塑造着我们的高等教育，这些影响因素正联合在一起促使美国大学的产生。而且，正如布莱斯先生所明确指出的，美国的大学正在成为一个在任何方面都无愧于我们伟大的国家的机构。美国的大学正在抛弃英国传统的束缚，在很大意义上美国的大学正在成长为适应美国人民需要的"美国大学"。最好的美国大学的学术工作充满活力和彻底性，处处弥漫着自由精神，它们的未来充满了希望。

尽管如此，美国的专业学院并没有与大学同步发展。例如，最近有人说美国的法学院是所有文明国家中最弱的，因此也是最差的。一般来说，除去五六所著名的法学院（它们没有那么多，也没有那么著名），这一说法是无可否认的。本人将在这篇文章中就法学院的不足之处及其原因和补救措施进行简要的论述。

在欧洲，专业教育通常是大学教育的顶峰，但是在美国不是这样。在美国它更是一种"实用的捷径"，未受过教育的或难以教育的人以此用最少的时间来获得知识和技能。我们的大多数州提供的是一种始于公立学校、终于大学的公共教育制度。然而，

① 詹姆斯·布莱斯（1838—1922），英国政治家、历史学家，著有《神圣罗马帝国》和《美利坚合众国》等。——译者注

各州的法学院并不属于这一系统。实际上它们甚至很少与这一制度有关。它们的地位与“独立师范”和“雄辩术学校”相同。作为学习法律的准备，我们的法学院并不要求学生具备普通的文化知识和特殊的经济、历史、文学和语言方面的知识，而只是渴望招收能够支付学费并能读懂英语的人。

我们发现，在大多数法学院里，从事教学的不是把法律教学与研究作为终身工作的教授，而是附带着进行教学的律师，他们缺少有效进行法律教学的知识。他们中有些是尚未找到更重要事情去做的年轻人。通常，讲授法律的教学席位被那些上了年纪的律师、从正在开业的律所中被解聘的律师占据，课堂上，那些年老的教师对漫不经心的学生或埋头看报纸的学生读着发黄的讲义，或者就枯燥乏味的教科书进行单调沉闷的小测验。有时候，许多领域的老手非常聪明是因为其经验丰富。这些教师能激发学生的兴趣并使他们受到启发，但是他们很少对学生进行训练。只有那些对教学最感兴趣的人才能成为称职的教师。能力出众的律师有时会完全占据这些教学席位，但他们仍然在从事律师工作，他们到教室上课的时间不是清晨就是傍晚，是在法庭上一天的艰苦工作开始之前或结束之后才去教室上课。因此，对这些人而言，是法院而不是学校占据了他们的思想，满足了他们的欲望。

法学学生通常在律师事务所担任助理或在商业机构担任职员。他们把自己的时间用于课外赚钱，而不是到图书馆进行研究或者对法律惯例和判例进行研究。他们期望法学院不要妨碍他们平时的业务。他们并不了解的是，是伟大的教师使每一个真正的教育机构形成一定的教育氛围。

法学院在注册时常常作为大学的一个部门。在大多数情况下，这种关系只在名义上存在。某某大学被“一些从属的专业学院包围”是一种常见的说法。这些学院就像是包围在玉米秆周围的匍匐藤或气生根，而不是“饱满的玉米穗”。当一种名义上的亲缘关系要继续存在时，它常常不是依靠目的或方法的一致，而是依靠各取所需的事实。大学的声望有助于法学院扩大影响。法学学生的名单明显增加了大学的人数。而根据注册表上学生人数的多少来衡量美国大学的成功是很流行的做法。

除此之外，先例具有强大的影响力，它使每一所新法学院都去仿效旧法学院的模式。这些影响以及其他因素，迫使我们的大学忽视了一个明显的不协调之处，即学生在学习文学、化学和经济学时，需要精心准备，而在学习法律时，只要通晓英语就足够了。在这件事上，大学教师不止一次不得不让自己的意见屈从于胆小的董事会成员。董事会成员担心法学院的高标准对学校的成功可能是致命的，因而他们更倾向于以传统的方法衡量大学的成功。

因此，正如艾略特校长所说的，任何人都“可以自由地”进入美国法学院。但在大多数州，情况可能比这更好，也可能更糟。学生可以自由地进入法律专业，甚至不用考虑入学或毕业的规则。甚至法学院的存在也是对教育传统的让步。我们有可能进入任何一个“学术性专业”而没有学到任何东西。事实上，在我们许多州律师行业的准入条件跟锯木架（sawbuck）行业差不多。幸运的是，这样的准入条件既不会带来声望，也不会带来社会地位的提高。但是在第一种情况下产生的危害要比在第二种情况下产生的危害更大。不称职的律师可能会对委托者的利益造成损害。无知的医生比瘟疫更危险。不合适的锯木匠只能损害木桩。我国多数犯罪属于法律和医疗领域的失职行为。换句话说，大多数犯罪都是打着专业支持的旗号实施抢劫和谋杀。当这些专业不再对投机者和小偷敞开大门时，这多少会提高他们祖先的尊严。据说，目前在美国唯一“有学识的专业”是工程师。在科学广泛地应用于人类事务的过程中，知识和教育的价值一直得到我们的认可。人们慷慨地为工业教学纳税，现在工业教学被普遍认为是州立大学系统不可或缺的内容。机械工艺学院与大学的院系是平等的，一般来说，这些院系的入学标准和工作方法毫不逊色于其他院系。这样做的原因不难理解。在这些领域教育的必要性是不言而喻的。人类不能轻视自然的力量。工程师的不称职、无知或不诚实很快就会在工作中显现出来。其他职业的人不称职同样也会造成灾害，但这种不称职更不容易看出来。因为这个原因普通人更加不重视这种职业能力。

从总体上看，我认为美国的法学院以及其他专业学院的主要不足在于组织方法。它们已经失去了在大学里的位置。詹姆斯·布莱德利·泰勒（James Bradley Thayer）教授在最近的一次演讲[①]中尖锐地指出：

“我们不可以仅仅满足于口头上的服务，只是用大学之名来标记我们的法学院，尽管它们完全缺少大学的精神和特性。那么，我们的职责是什么呢？设计我们的英语法律制度课程的目的，按照布莱克斯通（Blackstone）的说法，是‘扩大大学知识的边界，在这些哲学的围墙内接收新的市民部落’吗？这意味着：我们的法学必须像在大学里教授的其他重要的自然科学一样进行研究和教学。这种研究和教学要同样深刻，采用类似的方法，有学识和勤奋的教师要集中全部的精力并终身致力于研究和教学。如果我们的法学不是一门值得如此进行研究和教学的科

① 1895年8月27日，泰勒教授在美国律师协会上的演讲，题目是“大学的英语法律教学”。——原文注

学，那么，正如一位杰出的律师所说的，‘一所大学在拒绝教授法学的时候，最好要顾及自己的尊严’。在美国，我们的先辈曾经努力工作，现在我们也应该努力工作，我们必须确保出色地完成工作。

“但是，有人可能会问我，有谁这样学习法律呢？谁有时间和机会去学习法律呢？那么让我来问他一个问题并给予解答吧。是谁在这样学习自然科学、工程学、语言学、历史学、神学或医学科学呢？首先，是那些以任何理由提出要掌握这些学科，对它们做出正确和准确的陈述，并且在这些领域扩大了人类知识，尤其是促进了这些学科教师的进步的人。其次，是在较小的范围内，每一位都尽可能地把这些学科的知识实际应用到人类事务中的领导者。此外，在更小的范围内，在某种程度上，如果我可以这么说的话，是指那些希望通晓他们学习的学科并能够透彻地掌握该学科的学习者。

“法律知识与这些学科的知识或大部分的人类知识完全一样。对于学科强有力的和富有成效的发展，对于最好地完成与它们相关的职业的日常工作，对于某些人在某些地方最好地执行一项计划和履行每个人的实际职责，所有这些知识同样都是有益的和必要的。人们应该运用最深刻的探究精神和最彻底的批判性调查对这些学科进行研究。

“深入而持久地调查电的性质及其工作方式的效用；调查光、热和声音的性质及控制它们活动的规律；调查化学和生理实验室的微小差别，地质学的推测与实验，数学家或天文学家引人注目的计算结果：需要人们证明这一切都是有用的时代已经过去。现在，蒸汽机、电报、电话、电气铁路、电灯、望远镜、改进的灯塔、火柴、无菌手术、天花和白喉的预防药剂、新金属铝和现代工程的胜利，所有这些都已经是众所周知了。这些东西都是曾经被大多数人认为是无用、不切实际的研究和实验的结果。

“但是，就我们的法律而言，那些强调彻底的和科学的研究重要性的人，依然有着说明法律的用处及其必要性的责任。更不用说在我们行业内外一些脚踏实地的人中普遍存在的对关于这种法律的所有优点的怀疑。同样，在那些名义上承认甚至提倡法律的人中，也明显有人未能理解这种招生的意义。这是一个简单的事实，即你在法学领域无法受到与在自然科学领域一样全面、一流的教育，除非你拥有一批有学问的教师；你也无法拥有一个像其他学院一样的学术性强的法学院，除非教师们献身于法律教育工作。和所有学科的教学一样，教授法律的主要秘诀是苏格拉底所宣称的雄辩术的秘诀——理解你的主题；在我们科学的现阶段，理解关于我们法学的任何一个重要的主题，都需要付出大量的劳动。”

我刚才试着描述的这种分离情况只存在于美国。人们希望走捷径进入这个职业，以及人们对走捷径的人失去信任，同样是产生这种分离的原因。

为了给子女提供普通教育，我们的人民始终愿意纳税。公立学校从一开始就包含通识教育。但在大多数州，人们曾经拒绝将公共资金用于律师和医生的培训。他们不愿花费自己的钱帮助别人进入他们认为报酬过高同时从业者又人满为患的职业。这是一个最短视的政策。它是在我们国家各地出现成群讼棍和庸医的原因，讼棍和庸医是在抢劫人民而不是为他们服务。不称职的专业服务毫无例外就是抢劫。就因为专业已不再是专业，所以这一职业人满为患。补救不称职的办法是坚持能力标准。这可以通过提供获得胜任能力的方法来实现。

在这里，起作用的各种力量必须与民主的发展结合起来。教育活动一直在朝着把少数人所拥有的权力和特权，扩大到为多数人所拥有的方向发展。受此影响，曾经为贵族保留的职业和优待已经向普通人开放。一个直接的结果——我认为是暂时的——是普通人已经涌入了这些领域，但这丝毫没有减弱其平民身份。这是通俗化（vulgarization）的一个必然阶段，随之而来的是正义的扩大，即所谓的民主。它与新闻界、戏剧界、牧师的通俗化紧密相连，它们必须注意使自己适应多数人的需要，而不是适应少数人更高雅的品位或更公正的判断。普通人对普通律师感到满意。当他对普通律师感到不满意的时候，他就不再是普通人了。从长远来看，他的选择自由和由此而产生的教育将减少这种通俗化，这是民主存在的理由。我们对未来的希望很大程度上在于我们对当前不足的认识。从我们专业学院存在的缺点来看，普通人是主要的受害者。现在他们也一起要求这些学院要办得更好。民主的一个优点是它可以自由地满足自己的需求。可以肯定的是，那些工作最认真、要求最严格的学院会拥有最多的学生，也会拥有最好的学生。认为美国学生接受质量低劣的教学是因为学费便宜的观点是不对的。

尽管存在许多不利因素，但是美国有许多伟大的法学教师，也同样有很多伟大的律师。伟大的教师能使别人感受到他的影响，无论需要他服务的院校存在怎样的组织缺陷。密歇根大学现在的实力在很大程度上取决于托马斯·M.库利（Thomas M. Cooley）的工作。约翰·B.迈纳（John B. Minor）在弗吉尼亚大学的工作对弗吉尼亚法学院当之无愧的杰出地位起了重要的作用。西奥多·德怀特（Theodore Dwight）曾经在哥伦比亚大学法学院工作。其他法学教授为提高哈佛大学、康奈尔大学和宾夕法尼亚大学的声望也做出了不小的贡献。所有这些院校都付出了极大的努力，使法学的地位达到与历史学和经济学所处的地位一样高。换句话说，在这些和其他一些院校，法学院不是大学的一个“附加物”，而是大学不可分割的一部分。当这成为现实后，法学学生的毕业要求就不会低于药剂师或土木工程师的毕业要求。

找出缺陷的原因对于改正它大有帮助。在这种情况下，在我看来，补救的办法是把法律教学放在与大学其他院系的教学相同的地位上。法律教学本质上应该是一项终生的事业。法律课程和教学方法应该与任何其他学系最好的课程和教学方法相一致。大学氛围和大学理想不仅要影响历史学学生，也要影响法学学生。不应该鼓励任何人去从事专业研究，除非他能够认真并且成功地持续进行下去。

此外，没有理由以任何方式将法学教师与其他学院的大学教师分隔开。让法学本身也成为独立的学院，这跟让化学或经济学成为独立的学院一样。所有这些分离都可以在名义上进行，但实际上它们是不应该存在的。和几何学或心理学的内容一样，法学的内容也应该使其成为通识教育中的一部分。即使是为了专业教育的目的，让法律学习与历史学和社会科学学习同时进行是一种更好的做法，因为同时进行学习形成的是本质的联系。法学的基础是人的本性，而不是美国的法令，也不是英国的法令。普通法来源于人类及其文明，而不是书本。这点学生必须学会了解和感受。因此，历史学、社会科学和法学必须相互依赖。一个专业的学生不能对其他专业一无所知。社会学研究应该与法学研究同时进行而不应先于法学研究，这一建议最近得到了伍德罗·威尔逊博士和欧内斯特·W.霍夫切特（Ernest W. Huffcut）教授的强烈支持。[①]这种结合应该提供给学生的不仅是一个律师的教育，而且是一个学者的视野。没有这一点，要在法学和政治学中形成广阔的视野是不可能的。这样的课程会给学院的通识教育带来尊严。学生更好地掌握了通识教育课程，这些课程显然与他一生的工作相关。

此外，每个国家的政治家大多数是该国的律师。我们的律师

① 霍夫切特教授说："我们可以放心地同意这项计划，通过这一计划，法律课程应该受到与人类知识领域任何其他学科课程一样的对待；对法律课程的准备应该大体上与历史学和政治学的课程相同；一方面是法学，另一方面是历史学、政治学和哲学，可以从双方更紧密的结合中获益。我承认，这个计划对我个人而言具有很多吸引人的特点。考虑到与其他人的利益分开，它在一开始就消除了可能围绕着法律的职业或技术氛围。它将法学院带入一种温暖、富有趣味和愉快的常规大学氛围之中。它将法律这个学科与整个政治科学合乎逻辑地、持续地联系在一起。从法律专业学生开始其学习的时候就要鼓励他们，而不是强迫他们对历史学、政治科学、政府学进行持续的研究，这样他们一定会对真理的意义、法律制度和司法行政的含义有更广泛的理解。我们的法学院是大学系统的一部分。通过使法学院成为大学系统的有机组成部分，并要求我们的大学同事认识到我们的工作也是他们工作不可缺少的部分，以及我们自己也要坦率地承认他们的工作对于我们的成功也是必不可少的，我们将会找到问题的解决方法，从而促进法学教育和合理学习的利益。"（霍夫切特：《美国律师协会会刊》，1895年）——原文注

是我们的管理者。[①]只有我国的律师受到良好的教育，我们才会有希望看到我们的国家得到很好的治理。我们的伟大在很大程度上是由于我们伟大的律师的工作。熟悉法律——不仅仅是法令，或者规避法令的技巧——使人变得伟大。我们已经拥有了许多这样的人，虽然我们给他们提供的教育一直不足。除非作为政治知识的结果，否则不会有政治良心的出现。正确的行为只能是正确思考的结果。从长远来看，正确思考的人会根据自己的认识行事。那些已经认识到存在一门关于社会制度的科学（a science of human institutions）的人永远不会完全忘记这一事实。如果不了解社会制度的发展规律，在公共管理的问题上就不可能有正确的思想。执政者只有按照这些规律行事才有可能组建好的政府。人类的法律必须是对这些基本规律的反映。如果法令不是对规律的反映，人们迟早要付出可怕的代价。命运之神对人类所犯的每一个错误都会加倍惩罚，而且他们最终会以自己的方式行事。

① 詹姆斯·D.安德鲁斯（James Dewitt Andrews）说："人们几乎可以说这是由律师治理的属于律师的政府。因为律师在制定政府制度中具有突出的、几乎是支配性的作用，所以说这是律师的政府。因为律师在政府管理中扮演着重要角色，所以说这是律师治理的政府。在政府的每个部门——立法、行政和司法中，律师始终居支配地位，但是他们牢记着职业道德，无论是在司法行政中还是在与其他公共信托人一起工作时，他们的职位都只是一种代理和托管。他们从未认为自己是真正的最高权威。无论谁随意地对这个职业的诚信表示怀疑就是对这个国家的诋毁。"（安德鲁斯：《詹姆斯·威尔逊作品集》，第1卷，序言）——原文注

10

实用教育

实用教育是一种能使生活变得更为有效的教育。我们经常滥用“实用”（practical）这个词，认为它与“临时的”（temporary）和“表面的”（superficial）同义，然而它的意思正好相反。一种教育只需花很少的时间和较少的努力就能立刻带来回报，这种教育并不是“实用的”。这种教育并不好，因为它永远不会带来任何更好的东西。不能揭示能力形成的秘密的教育不配称为教育。对于提高效率不能起到任何作用的东西都不算是真正的实用。没有什么比知识更实用，没有什么比无知更不实用；没有什么比阳光更实用，没有什么比黑暗更不实用。教育最主要的要素是彻底性和适合性。假如只从适合目的的角度来看的话，最彻底的教育是最实用的。过去教育制度的基本错误是在寻求广度和深度时把内容的合适性给遗忘了。正如我们过去常说的，我们努力培养全面发展的人，“能经受住各种考验的人”。这种教育更适合拴马桩或风车而不是人。这是一个需要特殊知识的年代。一个人只有把某件事情做得比其他人更好，他才能在复杂的社会结构中找到一个有价值的位置。用低劣的方式做一百件事的能力对他没有什么益处。这是我们的学校必须承认的一个事实。如今没有人可以靠运气成为伟人。如果一个人要做任何重要的事情，他必须首先明白他要做什么，然后尽其所能地着手去做。

实务家常常嘲笑大学人员和大学里处理问题的方法。他们的批评有些是有道理的，有些则不然。他们的批评可能有道理是因为他们发现大学教育缺少适合性。在生活条件不断变化的情况下，大学规定所有的学生都要以同样的方式在同样的时间学习相同的课程。这种学习是一个世纪前英国学生的常规做法。因此，在这样重复那些被遗忘了一半的国家的思想和学问的过程中，一些对“希腊思想”和“罗马思想”有兴趣的人受到鼓励，以其最大的积极性来学习这些思想，对他们来说，这样的教育是令人满意的、适当的。

但是有一些也许对“美国思想”（American-minded）有兴趣的人，他们的活力没有被这些影响激发起来。这些刚从校园走进社会的人，就像来自卡茨吉尔山脉的里普·万·温克尔（Rip Van Winkle）[①]一样不知所措，因为他们的大学教育对于这些新的经历毫无用处。

我并不希望贬低古典教育的价值。有一种观点比单纯实用的观点更偏激，即，古典文学的优美形式和崇高思想，对成千上万在生活中没有进入大学学习的人来说，是他们一生的灵感来源。但是，还有其他的灵感来源，以它们的方式，可能会影响许多人，而拉丁语或希腊语对他们来说是一种毫无意义的苦差事。对以上这些人而言，如果我们的教育成为实用教育，那么就应该提供不同的教育。未来的学校不仅要避免劣质的教育，而且还要避免“不合适”的教育，因为学生的时间是如此宝贵，不应该把学生的任何时间错误地用于接受劣质的或不合适的教育。

对缺少适合性的教育的补救措施，不是抛弃旧学院的高标准或全面训练，而是将其应用于更广泛的课程领域。没有两个学生是完全相同的，也没有两个学生将会拥有完全相同的职业生涯。如果我们能发挥学生的最大优势，没有两个人会遵循同样的学习过程。因此，我们要认识到人性的无限多样性，高等教育工作的有效性在传统学院僵化的教育制度中永远不可能出现。不合适的教育只比根本没有教育要好点。任何形式的教育活动都要好于停滞不前。

---

① 里普·万·温克尔，美国作家欧文作品中的人物。——译者注

正确的教育是为了给可持续的工作做好准备。质量低劣和粗心大意的工作现在非常多。不管做什么事情我们都要把事情做好。我们要老老实实地做事——不是当下的权宜之计，而是在任何时候都要如此。

在科隆大教堂高高的屋顶下，有许多刻在石头上的雕像，每个雕像都是极其小心翼翼地制作出来的，但自从这些雕像最初被放置在壁龛内以来，世人就从来没有见过它们。哥特式建筑流行时期的雕塑家们的作品是为了让上帝看见而制作的，而不是为了供世人崇拜。科隆大教堂的建造过程将近一千年。几天以前，我在东部的一个城市看到了一座大教堂，它的建造仅仅花费数周时间，看起来与其他国家用几百年才建好的大教堂一样。位于高耸的塔顶上的大理石雕塑是由铁皮、锌做的衬里以及彩绘石头制成的。这就是现代大教堂建造者的作品。但是在慢慢经历几个世纪之后，它们的差异就会显现出来。

前几天，一位瑞士钟表制造商说："你们美国的制造商们无法在欧洲立足。你们送的第一批样表很好，第二批样表质量开始下降，第三批则毁坏了你们的声誉，第四批结束了你们的生意。似乎你们所关心的全是赚钱。你们所缺少的是你们工作中的某些自豪感。"如果美国的制表商真是如此，那么他们的生意做不下去应该也是真的。持久存在的作品一定不是最快完成的作品，而是最好的作品。要做到这一点，不是要每年都刷一层新的涂层，而是要做得好像能存到永远，并且其中一些零件能持续工作。这个社会较低的阶层人员众多，但在更高的层面上，在未来的几个世纪里，每一份诚实的工作仍然会有一席之地。

爱默生说："挥霍不在于花钱，而在于把钱花在你的事业之外。使人和政府破产的犯罪活动也是工作，但他偏离了你在各处做好事（serve a turn）的重要规划。只要符合你的人生方向，什么样的工作都不低下。如果它偏离了你的人生方向，那么没有什么工作对你而言是伟大的或值得拥有的。”

节省劳动力是教育的检验标准。世界上最大的经济浪费就是缺乏技术训练的劳动力。19世纪的收益大于18世纪是因为技术在工艺中的增加。然而，尽管我们在节省劳动力方面取得了进步，但是，为了使对劳动力的使用能够抵消对劳动力的浪费，我们还需要付出很大的努力。在欧洲，即使到现在，由于缺乏培训和适当的工具而造成的工作损失要比战争、常备军和世袭种姓的愚蠢行为所造成的损失更大。它仅次于由懒惰本身所造成的浪费。对于懒惰来说，没有什么补救方法能像教育一样有效。掌握了工作的技能，就要带着自豪感和乐趣去工作。从长远来看，在促进美德和持重上，没有什么力量比技能的影响力更强大。

如果一个人掌握了工作的技能和技能的运用，他肯定能对付困扰着生活的一半危险。手的训练、脑的训练，任何种类的训练，都会给这个人提供力量，让他从事他认为真正值得做的事情，给他自尊，使他成为真正的男子汉，而不是成为一个工具、一种暴力或一件东西。

缺乏技术训练的劳动力是时代和环境遗留的产物。虽然奴隶制结束了，但不久他又成了奴隶。以低效的方式做糟糕的事情所产生的浪费，使世界上一半的人口始终处于贫穷之中。没有一技之长的人所能做的事，比如把一桶煤和一桶水搅拌在一起，如果能得到“一丁点儿大脑”的指导，就会做得更有效。工业培训的使命就是要使缺少技术训练的劳动力不再存在，使每个工人成为自由的人。当每个工人都能充分利用自己力量的这一天到来时，缺少技术训练的劳动力问题也将不复存在。这个问题的最终解决方法是每个人都应该为了自己去解决这个问题。

我曾谈过手的训练，但是所有的训练都是针对大脑的，所有的训练都是类似的性质。手是大脑的仆人，自己什么也得不到。没有一种手工训练能与智力训练区分开来。手的每个动作背后都有大脑的指挥。手上的肌肉是大脑的唯一仆人。无论是培养一个演说家、一位政治家，还是一个商人或者一名机械师，都必须使用同一种语言进行训练。最重要的是，这一手段应该通向将要达到的目标。

无知的人是落后于我们的社会文明，无法利用自己知识的人。他发现自己身处黑暗之中，在一片未知的土地上。他因为对那些微小的障碍不够了解而跌倒。他无法控制自己的行动方向。真正的危险都是潜藏不露的，而最无害的岩石或灌木看起来威胁巨大。他无法控制这一状况。我们只有一次生命，让我们成就有效的人生，而不是因为缺少知识或技能沦为一事无成的人。阳光对眼睛的意义正如教育对智力的意义，最彻底的教育在任何时候都是最实用的教育。没有哪个旅行者愿意在大白天提着灯笼旅行。如果他有指南针和地图，那就太好了。但是他的装备要合适。如果不需要砍树，那就不要让他带着斧头；如果不需要过河，就不要让他准备船只；如果准备从事桥梁建筑工作，就不要让他学习拉丁语法：除非通过掌握一种知识而获得的技能有助于他深入了解另一种知识。

我经常遇到一些父母，他们希望给儿子提供实用教育。他们认为实用教育是一件又便宜又容易的事。能画点草图，懂一点机械维修，会在虚构的账户上记账，这样他们的儿子就“为做生意做好准备”了。“为做生意做好准备”，就好像复杂的财务问题通过掌握复式记账就能得到解决！可生活要比这严肃得多。要成为一个成功的商人需要接受彻底的教育。我们认为，它不是学校教育——也许是学校教育，但如果是学校教育，那就是学校的错误。学校应该既要培养优秀的商人，也要培养其他职业的优秀人员。学校应该使人适应生活。为什么绝大多数商人失败了？难道不是因为他们不知道如何成功吗？难道不是因为他们没有头脑和技能去与那些既有头脑又有技能的人竞争吗？难道不是因为他们没有认识到财务和商业的规则就像万有引力定律一样不可改变吗？人能够直立是因为他的站姿符合万有引力定律。一个人或一个国家能够变富有是因为他们的工作符合管理财富积累的规则。如果存在这些规则，人们应该熟悉它们。人们应当知道学校能够教授什么。

如果学校教授的是客观存在的规律，那么它们的确是在做一件伟大的工作。半数美国人相信这是一个充满机会的世界。其中有一半的人当他们遭到自己愚蠢行为的惩罚时，会相信他们是厄运的受害者。另一半人相信他们是幸运的眷顾者，不管他们做什么都会得到某种方式的帮助。偶尔有人会得到掉落的苹果，或从灰尘里捡到一分钱，或从沟壑中挖到一块金。然后他的邻居开始仰望天上的苹果，或者在尘土里寻找钱币，好像钱币和苹果以那种方法就可以得来似的。等待机会从来不会使任何人发财。当黄金不再通过运气获得时，加州的黄金时代才开始。当人们在圣克拉拉谷的黑黏土中通过系统的方法和科学的方法，而不是通过运气或意外找到黄金时，人们才发现在圣克拉拉谷的黑黏土中储藏的黄金要比整个塞拉斯巨大山脉中储藏的黄金还多。任何值得拥有的东西都是我们通过努力才能获得的。只有一种方式可以获得任何东西——就是找到管理生产的规则，并且根据这些规则调整我们的行动。好运永远不会作为一种意想不到的事突然降临到有能力的人身上。他为此做好了准备，因为这正是他有权利期待的事情。总有一天，在经历了许多无情的打击之后，每一个活得够久的人都会找到这个好运。当他这样做的时候，他会取得成功的钥匙，尽管可能因为获得这把钥匙太迟而来不及用它。

学校的工作就是把这些规则内化到学生的头脑中。学校可以使学生直接接触这些规则，甚至教学生运用这些规则为自己效劳。如果我们将这些规则用于工作，这些规则就像大河中一股平静的水流一样易于驾驭。如果我们拼命反抗这些规则，它们就会变成像不受控制的洪水一样的可怕灾难。忽视它们就是对它们的公然违抗。文明的成果源于我们对自然规律的认识。正是我们的认识促成了行动。我们理解的东西变成了我们的工具。任何我们理解的东西我们都能够拥有。但无论我们征服了什么，我们的胜利都是知识的胜利。

我们把这个时代称为发明的时代、人类征服大自然的时代。但是，发明或制造机器的人不是征服者。当别人向他阐明了闪电的性质和类型后，他就很容易利用闪电。重复别人已经做过的事更加容易。科学的应用只是科学发展中的一件事情。当我们发现控制电流和蒸汽的膨胀力规律时，自然地，电灯和机车迟早会随之而出现。正是这种知识提供了人们对大自然力量的控制。只有通过研究，而不是通过应用或重复，人类的力量才能不断进步。在极大程度上是我们这个年代的人把电力应用到日常生活中，但是关于电力的基础知识却要追溯到最早的自然法则研究者。这些人闯入了无限的黑暗之中，而不理会可能涌到他们研究道路上的大众。一个研究者是一千个发明家的根源。一个法拉第（Faraday）或一个赫尔姆霍茨（Helmholtz）是一千个爱迪生的根源。没有大学的帮助也可能出现爱迪生。但只有最高级的教育才能造就赫尔姆霍茨，因为不研究前辈们所取得的一切成果，任何人都无法取得这样的成就。

我得说，大学的重要作用是成为研究中心。大学应该是各个领域新的发现的来源。对于许多人而言，大学将是培训和指导的主要来源，他们将在人生的成熟阶段为他们的同胞做很多好事。在人类知识的范围不断扩大的过程中，新的领域不断被开辟。上一代人的全部知识理所当然应该成为下一代人进步的基础。直到人类知识的范围扩大到无限大，我们才会理解上帝无限的仁慈。

11

高中科学[1]

① 1889年12月26日，在印第安纳州教师协会上的演讲；1890年3月发表于《大众科学月刊》。

作为通识教育的一部分，科学教学的目的是通过对第一手知识的运用来训练判断力。要教育学习科学的学生确信他掌握了哪些知识，并将自己掌握的知识与仅仅是记得的知识或猜测的知识区分开来。我们与世界的接触是我们所有知识的来源。这一知识经过检验及合乎逻辑的整理，被我们称为科学。古往今来，人类心智的成长与这种接触的广度成正比。对于没有科学知识的人来说，世界似乎很小。科学是我们对现实的感知。年复一年，随着现实在我们的生活中占据越来越大的位置，更多更好的科学训练将长期成为一种急迫且不断增长的需求。但是，科学教育作为心智训练的一种手段应该凭借其力量在学校中占有一席之地，这不是因为科学事实的特殊用途，也不是因为事物的知识比词汇的知识更具有市场价值。

当研究自然界的物体和力量成为像在学校里学习数字一样理所当然时，科学的时代将会到来，而下一个世纪的科学工作将不会是我们现在正在做的工作。我们在学校学习的科学知识往往是一种虚有其表的学问（make-believe），学校从脱离了课程的每一种虚有其表的学问中获得好处。我对学校内外的科学进步都非常感兴趣，这与赫胥黎教授的观点一致——如果只通过课本来教生物学，“我不会把我的手交给”美国任何一所学校来教授这门学科。声称去做，但实际上什么也没有做，这比不加掩饰更糟糕。传统的科学课程安排“十四周”教学时间，与大自然没有任何联系，没有任何形式的训练，也没有值得拥有的知识，只有对那种被认为是零散的科学知识的反感。

真正的知识具有每个学生都能感受到的魅力。磁铁吸引铁，的确，对学生而言，他可以从书本上学到这一事实，但是这一事实只对亲身感受到磁铁对铁的吸引力的学生来说才是真实的。不仅如此，它只对亲自发现这一事实的学生来说才是迷人的。读一篇陈述事实的文章，就可以让人获得或多或少完整的知识，因为书本中记录的事实是准确的或者留在记忆中的印象是可保持的。证明事实可以获得训练；发现事实可以获得灵感。训练和灵感，而不是事实本身，才是科学教学的正当理由。当我们年龄太大而不能接受训练或产生灵感时，我们就可以在以后的生活中收集足够的事实。一个人的知识如果是来自权威，或者仅仅是来自书本，那么他就不会明白从人类经验中直接产生的思想的力量。

适用一门科学的教学方法或多或少也适用所有的科学。我可以拿动物学为例来说明，因为动物学是我最熟悉的科学。我们的高中几乎不存在任何有价值的动物学教学。产生这个不幸的事实有几个原因，其中一些原因是教师无法控制的。第一个原因，高中课程过多，科学课程只占高中课程的一小部分，这些科学课程又被划分为太多的学科。对一门科学一知半解无论是对学科还是对知识都没有多大用处。对多门科学一知半解可能更糟，因为它会让我们的大脑满足于一知半解。事实上，我们的学校在这方面已经犯了很大的错误，许多教育作家似乎把科学看作是粗略了解的同义词，他们把科学与其他被认为具有某种彻底性标准的学科进行对比。我们的大多数大学都曾安排过不被教师认可的课程，以应对大众在短时间内学习多门课程的需求。这种零碎的课程一直被称为“科学课程”，它产生了一个恰如其分的“B. S.”学位——“表面学士”学位（Bachelor of Surfaces）。

高中能把某些事情做得很好，但是如果它试图做得太多就会失败。不幸的是，目前我们的高中有走向这种失败的倾向——把许多事情做得很糟糕，而不是把少量的事情做好。换句话说，我们试图通过展示那些我们无法真正教授的科目来满足公众的需要。在科学学科中，我们学习的是书本而不是大自然，因为书本充足而便宜，而且可以快速看见，而大自然本身只有那些想要从她那里得到东西的人才容易接近。高中教师最好不要试图讲授科学的一般观点，最好选择两到三门科学学科——或许是一门物理学和一门生物学——在这些学科上花尽可能多的时间进行教学。选择应该主要取决于教师的兴趣或教师的能力。教师要教那些自己能够教得最好的科学学科。

罗切斯特大学校长希尔（Hill）说得好："我们数以千计的年轻人学习化学但从未见过化学实验，学习物理学但从未见过气泵，学习天文学但从未使用过望远镜。一位传统的教授坚持认为这种学习具有很大的优点，就像学习几何学不用数字一样，因为它激发了人的想象力。这是一种愚蠢和自负的激励，通过用主观想象替代实验证据，用假装知道替代清晰的观念，从而使知识与现实隔绝。它对道德的影响与对知识的影响一样有害，因为它削弱了对真理的敬畏，（让人们）产生了思想轻浮的习惯。"

我们有一位明智的教育作家把科学教学（他指的是提供关于科学学科的知识）从教育的基本要求中排除出去，因为自然知识并不是灵魂借以观察生活的"五个获得信息的窗口"（five windows）之一。根据这位作家的说法，这些获得信息的窗口是指阅读和写作、语法、算术、地理、历史。这个比喻的说法很有趣。灵魂被禁锢在中世纪教育的瞭望塔中，通过这五个窗口眺望世界——它们只是获得信息的渠道，因为它们与事物本身没有任何联系。对大自然的研究为人们打开了大门，让灵魂来到田野和森林。

第二个困难是，我们的城镇没有给教师提供足够的工资去做应该做的工作，对于为数不多的教师，也没有要求他们做好彻底的准备——他们中很少有人受过广泛的教育，或者受过任何科学训练。我们要求这样的教师每个人教十几门科目，却没有时间为他们做好充分的准备。良好的科学教学不能只有要求，因为溪流的水不会高于它的源头。对此，唯一的补救办法似乎是逐步对这些人进行教育。一系列实物教学课显示了好教师与差教师之间的差别，这种教学是促使良好的工作受到青睐的最有效的方法。

但就事论事，即使是那些没有受过训练的教师或准备时间仓促的教师，通过使用好的方法也可以把工作做得相当好。事情做得好与坏很大程度上不取决于你们使用的书本，而取决于你们不用的书本。就你们的学习目的而言，目前大多数基础动物学教科书几乎都是有害的，即使这些教科书很好地进行了系统整理并且在事实陈述上准确无误——事实上这种情况很少存在，它们是基于错误的原则编写的。这些教科书的特征不是基础性的而是支离破碎的。如果认为因为教科书的容量很少，对提及的每一个动物只做很少的介绍，因此表现出基础性的特点，那就大错特错了。零散的知识未必就是基础内容。一个岩石碎块就像卵石一样难以消化。科学的启蒙教科书应该叙述很少的内容，给孩子留下非常清晰的印象。从常见的教科书中获得的观念具有最含糊不清的性质。这些课本是科学的寄生虫而不是同盟。它们与科学进步的关系就像藤壶随船而行的关系一样。你们如果把这些弄清楚了，你们就不会误入歧途。让我们回忆一下阿加西对一位出版商所说的话吧，这位出版商试图说服他写一本关于动物学的教科书。

他说："我告诉他我不是他要找的编写动物学教科书的人。我还告诉他动物学教科书编写得越少，教师对动物学会教得越好。我们需要的不是教科书，而是学生。大自然之书一直是开放的，我所能做的或所能说的就是引导学生去学习那本大自然之书，而不是对其他任何书籍抱有信心。"还有一次，他说："如果我们在书本上学习‘大自然’，当我们出门之后我们就无法找到大自然。”

教学方法的要点是让学生与其所学习的对象建立联系。书本、图表、讲稿这些可以用来代替实物的东西，是动物学教师应该永远不要使用的东西。你们的学生应该自己观察，从学生们所看到的东西中得出自己的结论。当学生们有了自己的观察作为基础，其他事实就可以作为高级原理的基础被他们掌握，因为正确使用书本是非常重要的，就像书本使用不当是有害的一样，但是这种工作属于大学而不属于高中。动物学教师不希望学生根据记忆来回答蜥形类动物（Sauropsida）区别于鱼形类动物（Ichthyopsida）的特征。你们想要听到的是学生对自己提出的青蛙和乌龟的质疑的回答。

最近我看到了一次高中动物学考试。这门课的教师出了一些常见的问题，诸如“描述腹足类动物”“国内火鸡和洪都拉斯火鸡的主要区别是什么”“亚洲象和非洲象有什么不同”“鸭嘴兽的哪只脚上有扩展的脚趾蹼膜”等等。最后他说：“我现在给你们提一个实际的问题：几天前我们在课堂上用过一只青蛙，你们都看到了，现在请你们写出青蛙所属的门、纲和目的所有特性。”

以上这些都是无用的。这些纲和目的定义与学生没有什么关系。对于职业的博物学家来说，这些名称就像铁路车站名对铁路工程师一样必不可少。这些名称属于他的本职工作，但是火车站的名称和距离并不属于任何令人满意的初级地理学教科书的内容。动物学教师不需要让学生知道脊椎动物分为哺乳类、鸟类、爬行类、两栖类、鱼类。首先这种分类是不正确的，即使这种分类是正确的，这也与学生们无关。如果动物学教师正在研究青蛙，那就坚持观察青蛙，它教给动物学教师的动物学知识将比你们从所有熟记的动物分类中学到的更多，这样动物学教师就不用考虑黑板上呈现世系的上百个标尺了！

我们学校的主要缺点不是教师不熟悉他们所教的科目，而是他们不了解也不关心他们的教学目的。换句话说，就是教师不知道如何教学。学校董事会确定教师的用书，然后他们根据课本开始授课。如果教师的用书是错误的，那么他们的教学就永远是错误的。这种情况千真万确，最近由巴顿·W.埃弗曼（Barton W. Evermann）博士在印第安纳州的高中收集的统计数据非常清晰地证明了这一点。难怪每十几个教师都需要有一个负责人。一个好教师应该知道他的教学目的，然后能使他的教学方法适应其教学目的。

我参观过一所规模很大的高中，该校是美国最好的高中之一。这所学校有一位科学教师，他的研究为他赢得了同事们的尊敬。但不知什么原因，至少是那一天，他在课堂上没有进入状态。我听到他提问班里的学生关于动物的问题——不是树林和田野里的动物，也不是他们面前的动物——因为他们面前没有，而是美国南部的贫齿类动物（the edentates）。一个特殊的问题是分辨九带犰狳和三带犰狳，其中三带犰狳不会在地上挖一个洞来筑巢。这个问题来自一本书，这本书是由一个不知道犰狳和泥龟区别的人写的。在课堂上，学生们必须掌握它。在这个科目和类似的科目上，这些学生正在浪费宝贵的时间——非常宝贵的时间，因为如果他们在年轻时没有学会观察，他们将永远学不会了，他们生活的视野将永远比它本应该有的更狭窄、更无望。那一天的教学活动简直就是单调沉闷。他们早已忘记了九带犰狳和三带犰狳，包括他们的老师，还有我。他们所剩下的就是对犰狳和整个贫齿类动物的轻度厌恶，以及对不再受到它们的有害影响的一种宽慰的感觉。但是有了这种经历之后，他们通常会下定决心再也不去学习动物学了。当这些学生进入大学时，他们对科学及其方法的了解不会比他们在第一次哭嚷着要月亮的婴儿期所知道的更多。

达尔文告诉我们，他早年所上的地质学课是如此“令人难以置信的枯燥”，以至于他下定决心“只要他活着就不会读一本地质学的书，或者以任何方式来研究这个科目”。后来他幸运地改变了这个想法。

我曾经有一个学生，在传统的非科学方法上受过良好的训练，他在显微镜下观察了酵母。他读过书中关于酵母的内容，并看过照片。因此，他开始积极地工作。不久他就发现了那株小菌群，画了几幅画，把它画得很好。逐渐地有人注意到，他在工作时，他的显微镜上根本就没有物镜。他根本没见过这种酵母，只看到了目镜上的灰尘。这是我们许多基础科学教学犯下的严重错误。这不是真正的研究，不是对自然的研究，而仅仅是对被遗忘的旧定义所进行的研究。

然而，即使没有特殊的知识或特殊的工具，也没有什么比做好教学工作更容易的了。拿出你的标本，放在孩子们面前。他们会观察样本，而且是急不可耐地去观察，他们也会提供标本。关于教学材料的获取没有什么困难。我们的新世界是欧洲博物学家的“富庶之乡”（El Dorado）。你翻转一根腐烂的木头就能得到一周的教学材料。我曾经听过阿加西教授对一群教师说了以下这段话，我大量地引用他的话，是因为他把毕生精力都奉献给了把正确的方法引入美国学校这一任务上：

“假如你选择的科目是学生无法走出教室进行观察的科目，如果你找不到更好的东西，就带上一只苍蝇或蟋蟀吧，让每个人在你上课的时候都拿着一个标本。……夏天的时候，在美国任何一个地方，你都能得到充足的最好的标本供应。上课的时候让你的学生把标本带入课堂。从小溪而不是从书商那里获得你的课本。……让学生透彻地学习少数动物品种要比粗略地知晓上百个品种更好。到第一学年结束时学生透彻地掌握了一打动物品种，要好于从古玩店买来的价值2000美元的贝壳和珊瑚。这一打动物将是你自己真正了解的。……无论你在哪里教学，你都会发现你所熟悉的同样的教学内容。你可以把你的班级带出去，给他们上同样的课，在不同的地方都可以引导他们进入相同的主题。这种教育儿童的方法是非常自然，非常真实，十分具有启发性的。这就是通过大自然进行教学的魅力所在。没有谁能够歪曲大自然来迎合他自己的观点。在我们思想混乱的时候，往往是大自然把我们带回到寻求真理的路上。”

12

科学与大学[1]

① 1892年11月16日，在伊利诺伊大学科学馆落成典礼上的演讲；1893年4月发表于《大众科学月刊》。

我们今天聚集在一起是要尽我们的职责建立一个显示美国教育进步的里程碑。我们对高等教育的兴趣和对科学的兴趣把我们带到这里。我们发现在人类历史上这些兴趣的关系比以往任何时候都更加密切。美国高等教育所具有的科学特征正在逐渐提高。在人类知识的扩展中，美国大学找到了它存在的最佳理由。

我希望我将要说的这番话不会被指责过分美化科学。我完全知道所有机构在人类心智发展中所具有的价值。但是其他一些学术部门可能每一个都有自己的需求。今天我们在这里为科学馆举行落成典礼。我们在这里是为了科学教学和科学研究。在今后的几年里，我们可能会为文学馆举行落成典礼，那时我们将会吟诵赞美诗和文学。但是我们今天说的是科学，完全可以肯定的是人文学科不会因科学的发展而受到损害。一切真正的知识对所有其他的知识都是有益的，而所有真正的对美的热爱一定是依赖于对真理的热爱。

此时此刻，我们站在一起，站在我们已经建立起来的里程碑的一边，站在微风吹过的标志着我们19世纪边界的高地上。我们有必要花一点时间来回顾一下我们赖以崛起的那片令人沮丧的低地。在我们讨论美国大学与科学的关系中，我们发现就在不久之前大学与科学的关系还是令人沮丧和令人失望的。

我相信，我仍然被算作是年轻人。我敢肯定，我还从来没有听到过“年老的”这个词被严肃地加到我的名字上。当人们说起“老乔丹”时，我知道他们指的是巴勒斯坦河，而不是我。然而，在我教动物学的那几年里，科学与教育的关系发生了显著的变化。

我清楚地记得，二十年前，当我竭尽所能为博物学家和大学教授这两种职业做准备时，我发现这两种职业是没有任何关系的。记得1872年，我把自己的观察结果总结为这些话："大学没有参与科学的进步或对科学的进步不感兴趣，同时科学对大学的发展也没有兴趣。"

那时候的大学课程没有引入自由的空气。"先验"和"权威"这两个大学课程最喜欢的词语，准确地描述了这种情况。其实质是已经废弃不用的语言的语法，和熟记把逻辑应用于数字和空间的结果。教师有关语法和逻辑的教学敷衍了事，学生用尽各种手段，想要逃避他花费了时间和金钱才获得的这种教学。当所有的训练结束时，敷衍的教师与不情愿的学生之间的长期冲突才算最终结束，学生被交到校长手上，从他那里接受哲学教育。这是以三年的训练为基础的人生观教育。这种哲学从来不是当时知识发展的结果，而是中世纪过时的思辨的废弃物。它与现代生活或现代思想没有任何关系，所以它特别保险和稳定。

让我们回忆一下科学第一次进入传统课程的情况。它的出现是为了回应外界对有趣的和实用的主题的需求。它以使需求沉默的方式达到目标，而不是满足这一需求。学生学习一些无关紧要的课程，主要是熟记过时的课本，然后有关科学的学习就完成了。能胜任更高任务的教师没有机会发挥他们的能力。他们的研究工作并不是他们职责的一部分。这种状况持续下去，教师迟早会悄悄地离开他们正在进行的单调乏味的研究工作。这是印第安纳州的耻辱，它让我们这个时代一位最伟大的天文学家给学生教了四十年的几何和代数基础。他本应该教授天文学，培养天文学家，然而，直到丹尼尔·柯克伍德（Daniel Kirkwood）70岁时，根据自然规律他已经无法再进行教学了，当权者才意识到这一点。这样的事情在许多人身上都真实地发生过。研究者与大学系统无关，或者即使他勉强在大学中找到一个职位，他的时间也会用于其他的事情而不是促进科学的进步。在欧洲和美国到处都有热衷于献身科学研究的人，但是，在绝大多数情况下，这些人在大学之外。即使和其他人一起在大学工作，也很少有人有机会教授那些他们最感兴趣的科目。

19世纪中叶的美国大学像它的英国原型一样，是为了教会的工作而存在的。“如果大学消失了，教会也会消失”，这是大学要求获得资金和影响力的基础。大学的职责是把一群受过教育的人组织起来，他们的手里保存着宗教的信条。在无知者的口中宗教信仰混乱不清。每个明智的教派都会确保它的智慧不被人类的愚蠢所毁坏。一个教派的需要也预示了其他教派的需要。于是，美国的许多教会组织都在全国各地建立自己的学院，这些学院都是以相同的总体规划为基础而建立的。

当位于河流边和草原上的小镇随着国家的进步而发展为大城市时，人们认为，由于某种向内扩张的神秘力量，这些小学校迟早将会发展为伟大的大学。在这种乐观精神的影响下，学院的发展超前于未来，这些学校从一开始就被称为大学。随着时间的推移，如果没有资金，大学显然是无法建立的，而资金必须从学校之外获取。因此，在美国大学与大学面临的财政问题之间出现了长期的冲突—— 一场乏味的、有失身份的冲突，这在很大程度上降低了高等教育的名声和尊严。这种只管建立大学而不管大学维护的教育活动，在美国东部和西部及北部和南部，一遍又一遍地上演。这种现象被认为是不正常的残酷的生存竞争，这种生存竞争迫使我们的大学出现了工作低效、工资低廉和教授经济地位低下的局面。根据霍姆斯博士的说法，这种局面的自然结果是大学处于“饥饿”状态。

这些学校之间激烈的竞争，就像处于半饥饿状态的商人之间的竞争一样，在很大程度上使所有的学校都参与其中的事业受到了损害。与此同时，它们的竞争也常常阻碍了它们所在地区任何一所较好的学校的发展。

在这方面，请原谅我讲一下自己的经历，在二十年前（1872年），我开始寻找工作。自然史教授的职位是我最渴望的职位，因为要找到比这更专业的职位似乎毫无希望。我很早就从纽约被邀请到伊利诺伊州的一所著名大学担任这一职位。但是在当时，大学教授的工作从来都不受其职位名称的限制。作为自然史教授，我教授动物学、植物学、地质学、生理学——每一门课程都教一点，但是少有成效。然后我又照例教授了物理学、化学、矿物学、自然神学、政治经济学。此外，我还教授了德语、西班牙语和天道溯源（evidences of Christianity）课程，因为没有其他人来上这些课程。最后落在我身上的是这所大学的文书工作——演说、随笔、诗文，以及所有的大学在毕业典礼上用于展示的乏味荒唐的东西。当这一工作被添加到主日学校的课堂上时，你就会明白为什么博物学家和教授早晚得分道扬镳了。我曾经尝试着建立一个小化学实验室，但是遭到了董事会的尖锐指责，他们命令我要让学生远离所谓的“内室”，因为他们很可能会损坏设备和浪费化学制品。

当我离开这所大学到别的地方寻找工作时，我在各个方面都经历了困难和失望。我很遗憾地说，我所拥有的声誉是令人畏惧的专家的声誉，是完全不应得的。

传统的正统观念问题似乎在任何地方都被认为是最重要的问题之一，像我一样，大学职位的候选人在物种起源的问题上不是离经叛道者，他们穿过了进化的礁石，却被困在苏格兰哲学的神秘浅滩上。

但这些并不是困难的唯一来源。我曾经留意过一所大学，该校的博物学职位被认为没有必要设立。在董事会会议上，对面的一名成员说："我们刚刚选聘了一位历史学教授。这一职位的工作包括所有的历史，博物学的教学工作也是其中的一部分。让历史学教授也承担博物学的教学工作吧。"至少在那一年，历史学教授承担了所有历史的教学工作，他这样做并不难，因为历史学的教学工作就像切割稻草一样容易。他在学生面前把课文中的一个章节读一遍，这对他无论在时间上还是在智力上都没有什么大的损失。即使是在我最终进入的那所优秀的州立大学里，我在一开始也遇到了这样的警告：我的工作目的必须是基础教学、科学基础知识的陈述，而绝不是培养博物学家或专家。

我可以举出更多的例子，并且是来自更好的大学，说明二十年前大学对教师的要求是顺从和成为多面手，而不是具有彻底性或创造性。一般来说，美国的科学进步来自大学以外的人，并且很大程度上是在没有大学教育和大学支持的情况下取得的。促进科学发展或扩大知识传播往往并不是大学的理想之一，大学的主要职能是保持旧的思想不变。在旧时代没有危险的思想现在也是安全的，大学的目的是追求安全性，而不是灵感或研究。从很久以前到现在，牛津大学和剑桥大学、牧师和绅士学校，一直是英国保守主义的中心。美国的大学是牛津大学和剑桥大学的淡化版本——在保留下来的旧方法和旧观念方面最接近它们的原型。"我们将保留现有的一切"，这句曾经为一座科学博物馆提出的题词，可能一直被美国的大学所接受。除了有几个心胸宽广的教师之外——他们大多数在哈佛、耶鲁、普林斯顿和密歇根，当时还没有一所美国的大学能够——就像许多人认为的那样，被恰当地视为这样的大学。

阿加西回到美国，可以说是第一所美国大学建立的标志。阿加西就是这种新型的美国大学的代表。大学的本质特征是学习自由（Lernfreiheit），即学生进行自己的研究以达到已知极限的自由，鼓励学生进入未知领域的自由。学者的主要回报正是来自这一未知的领域。没有对研究人员进行规划的学校没有资格被称为大学。随着科学的发展和科学方法在那些以前不被认为是科学的学科中的应用，德国大学不断成长与发展。在类似的进程中，美国的大学一定会兴起。

你们应该记得大约四十年前爱默生与阿加西关于哈佛未来的讨论。爱默生是世界上最明智、最开明的人之一，但是他在阿加西的著作中看到了一些危险的因素，这些危险因素可能会破坏哈佛大学历史悠久的学科的平衡性（symmetry）。在波士顿关于大学的一次演讲中，爱默生做了这样的陈述：博物学“在哈佛大学获得的优势过大”；它“与其他学系不相称，‘这暗示了’对负责这门学科的充满热情的年轻教授进行约束是正确的”。

阿加西写信回复爱默生说：“难道你不明白吗，使大学所有的资源都得到合理分配的方法不是控制博物学系的发展，而是要激励所有其他学系的发展？难道不是因为动物学院发展得太快，而其他学系发展得不够快吗？这种说法听起来让人反感，或许还有点自负，但是你，而不是我，提出了这种比较。我觉得你没有找到解决这种不平衡的最好方法。如果通过减少最强劲的增长来获得平衡性，在我看来还不如存在一些不平衡性更好。在我千方百计促进博物馆和与之相关的教育手段发展的过程中，我完全不会抱有私心希望看到我自己的学系远远胜过其他的学系。我希望我的每一个同事都能让我很难跟上他的步伐。我很高兴地说，他们中有些人准备与我竞赛。”

阿加西所说的这些话可以看作是现代大学进步的要旨。大学应该是知识的终极边界上重要的庇护所，随时都有探险队从那里踏上探索之旅。大学应该像极地旅行者获取补给的乌佩纳维克（Upernavik），当我们置身于无边无际的未知海洋时，这个避难所和补给站将服务于上千个不同的、从各个方向进入大海的探险队。这是未来的大学理想。原本可能成为探险家却被迫从事其他职业，这种情况总有一天会被认为是一种损失和犯罪。即使那样，在经历了无数年的教育和科学进步之后，真正的大学依然会伫立在边界之上，大学的围墙仍然会被同样的海洋，那无边无际的人类知识的海洋，不断地拍打着。

我们现今仰慕的美国大学的新发展只不过是它的扩张和它的自由，其结果是学者能够在它的围墙内找到职位。学者无法在密闭的空间中呼吸。中世纪信仰的城墙已经被拆除。自由之风正在吹拂，现今的夏日阳光使最隐秘庭院内的学者恢复了活力。在未来的大学里，人类知识的所有部分，将受到珍视。到那时科学在教育中将取得应得的地位——仅此而已。

许多影响因素的共同作用促成了美国大学的解放。其中影响最大的是州立大学的发展。州立大学作为一种机构向所有的人开放，除了大众教育之外没有其他目的。我们要求的普选权成为我们伟大的职业培训学校中公民学、伦理学和经济学的一部分内容。

在过去的五年里，大多数州立大学已经在庆祝它们所取得的蓬勃发展，它们的发展无疑是美国学术史上最显著的特征之一。州立大学是美国教育制度合乎逻辑的产物。它是美国教育分级制度的一部分，通过这一制度学生从乡镇学校逐步升入州立大学。州立大学不断发展壮大是因为它值得发展。当它不值得拥有的时候，它将一无所获。我们发现，一些州立大学发展缓慢的原因是它们坚持陈旧的教育方法和低下的教育目标，而其他州立大学快速发展的原因是它们在开始阶段就抛弃了各种束缚，忠于自己的自由。

在州立大学发展的初期，州立大学的教育目标和教育方法几乎是遍布其周围的教会学校的复制品。州立大学的传统与教会学校一样，它的教授来源也相同，它的校长常常是竞争教会学校校长职位失败的候选人。那些不太受教会偏爱的人做了州立大学的校长。教师的薪水很低，赞助主要来自当地，教授通常由当地领导人指定，或者为满足一些实际或假定的地方需要而被选中。我记得一个案例，当时要在美国为一所州立大学寻找一位历史学教授，这位教授应是一个民主党人（Democrat）和卫理公会派教徒（Methodist）。所有的资格问题都要服从恢复学校已经失去的平衡，因为在学校里长老会教徒（Presbyterians）、浸礼会教徒（Baptists）和共和党人（Republicans）获得了更多的好处。在学校中这种瓜分好处的想法，像在政治领域一样，只是比资格更老的人不加分配就拿走所有好处的危害稍微小一些而已。只有当政党分肥制度最终被忽视，在州立大学中人员的选择依据是其品德、学识和教学能力，而不管他们身上有什么“其他的盛名或污名”时，教授的职位才能获得尊严和尊重。

在州立大学的进步中，最重要的一步是个人主义在教育中的发展获得成功，也就是说，随着选修制的出现，它的第一阶段是允许用科学领域的高级课程替代一些其他领域的基础课程。教育中个人选择的思想来自哪里并不重要。这可能是富有远见的哈佛送给比她更年轻的学校的一个礼物；或者可能是在哈佛，像其他地方一样，选修制是源于对实际情况的研究。在我们较大的学校里，大多数教师现在所秉持的教育思想是很久以前被否决的少数人的观点；在五十年或更长时间里，少数人一直期待着灵感而不是训练成为大学目标这一时刻的到来。

阿加西在1864年说过，在提倡选修制过程中，尽管选修制可能会给一些效率低下或懒惰的学生提供逃避责任的借口，但是它给优秀的学生提供了更多的机会，而大学应该使自己适应后者而不是前者。他说："聪明的学生现在被剥夺了能够拥有的最好的优势，因为对迟钝或冷漠的学生必须像对孩子一样。"

同一年，爱默生谈到了他与哈佛大学院长达45年的宿怨，因为他有两年的大学时间被无情地浪费在了数学上，学院没有做出任何使学习任务适应学习者能力的尝试。他说："我仍然记得我所承受的无用的痛苦，我真诚地向我的导师寻求帮助，但是他不知道如何给予我帮助。而现在，我看到在两年的时间里数学同样不加区别地被强加给所有的学生。不管有没有耳朵，你们都要学习音乐。这是在浪费大部分学生的时间和健康。"

我还记得在一个邻近州的大学中刚开始出现现代教育制度的情况。这一制度非常小心谨慎地允许某些出色地通过大学一年级拉丁语考试的学生，去选修某些动物学高级课程，而不是二年级的拉丁语课程。令拉丁语教授感到非常惊讶的是，那些利用这个机会"学习容易的科目"的学生并不是拉丁语学得最差的学生，反而是最好的学生。那些被研究所吸引的学生选择了新的道路；那些做事慢条斯理不开动脑筋的学生和逃避责任的学生满足于自己的陋习，而不是奔向他们未知的其他领域。渐渐地，在那所大学，以及在其他大学，都放松了牛津和剑桥课程的束缚，同时扩大了学生自己发现大自然真相的机会，而不是停留在过去无趣的、保守的知识上。

科学课程的发展缓慢而痛苦。我们都记得那沉闷的时代，在枯燥乏味的教师会议上，我们经常设计一些时间短、质量差的科学课程，这些科学课程主要是针对那些学不好或不愿学习拉丁语和希腊语的学生。在这些课程中没有必需的科学准备和成绩要求。这些科学课程只是在它们并不是别的什么学科的意义上是科学的。这些科学课程的理学学士学位被认为远不如历史悠久的文学学士学位，这种看法是正确的。在教育界内部，科学学士学位根本就不被认为是学位，它的存在是对非学术时代的功利精神的让步。科学课程确实是低劣的，因为它缺少实质内容，就像它的脊椎骨里缺钙一样。希腊语的核心地位已经失去，但还没有相应的可靠的课程取代它。然而，即使是这个被轻视的学位也逐渐上升到与其他学位一样的地位。大学慢慢地、勉强地承认，在某些情况下科学课程与希腊语课程一样值得认可。当科学值得研究的时候，这个命题就变得容易接受了。在我们今天最好的大学里，科学课程与语言课程同时开设，并且具有同等的地位，甚至理学学士学位具有了与文学学士学位一样的地位。对希腊语而言不是其本身，而是它所蕴含的文化，才是文科课程值得称颂之处。当地位相等的文化和课程通过其他渠道来实现时，它们就配得上这个学位。否认这一点，就是把学位本身看成是一种单纯的玩具，看成是一种文字游戏。事实上，情况可能不比这更好，大学早晚会不需要学位的。科学已经表明，它是一所大学所能够授予的最高学位的、值得追求的学科。它将证明自己足够强大，学位与它无关。在未来的伟大的学校里，每门课程都有其地位。让所有愿意学习的人都到大学来吧，让每一个人选择他可以学习的课程，让理想变得十分崇高以至于没有人会想象到当他一无所有的时候他正在获得回报。

对科学自由给予最大帮助的是《莫里尔法案》，根据该法案，一部分公共土地被赠予学校建立应用科学院校。不幸的是，许多赠地资金由于管理不善完全被浪费了。而更多的情况是，在一些州用于建立独立的应用科学院校的赠地资金半数被浪费了，因为这些州已经有了旧式的州立学院。事实上，在许多州，大学与专业学院几乎是完全分离的，1868年的立法者们没有看到两者之间存在任何共同之处。然而，教育的最高智慧是尽可能地把各种影响集合起来。没有科学，就没有知识；没有纯科学作为基础，就不会有应用科学。应用知识的学校与生产知识的学校相分离是不合理的。但是无论赠地资金如何使用，为了应用科学的利益而颁布的《莫里尔法案》使得科学工作在我们的大学中获得了前所未有的显著地位。它赋予了科学在课程中明确的价值，而在此之前科学似乎是以被默许的方式存在着。

我祝贺伊利诺伊州，因为它的大学是一所真正的大学；它的纯科学和应用科学，它的文学、历史、哲学和艺术在一个机构中由一个统一的教师群体进行教授。在教育领域任何一门学科要取得最好的结果，如果不与其他学科相结合就无法实现。通过与古典文学学生交往，工程师会获得更大的益处。通过了解工程师的实际工作，文学家可以收获更多，而不会有丝毫的损失。根据《莫里尔法案》建立的学院与州立大学的分离，就像我们在美国近半数的州所看到的那样，这是一个错误，时间将会使其逐渐成为一个严重的错误。赠地学院和州立大学统一在一起使得威斯康星、加利福尼亚、伊利诺伊、明尼苏达和内布拉斯加州的大学迅速发展起来，这时州的高等教育工作全部集中在一个地方。

选择的自由并不是只对科学取得有利地位起作用。在大学课程中基本内容的一致促使了古典教育以及科学的复兴。与旧的必修课计划相比，选修制是否会促使学生选修更多的科学课程尚不能确定。但是科学课程是人们在一种与过去不同的态度下完成的。大学和研究人员正聚集在一起。如果研究人员拥有了学术自由，那么对于任何研究领域，大学都能够提供帮助。科学家的步调正变得与高等教育协调一致。科学家正被高等教育所吸引。现在，大学里受先前体制影响的人也许是白手起家的人，他们身上带有学科割裂所造成的各种缺点。教育赋予了他们进入其他人所从事的工作的能力。如果今天的科学家要使自己的工作能够促进知识的进步，那他必须利用各种有利条件。他必须了解那些前人已经做过的工作。他必须利用他们的最高成就作为取得更大进步的基础。科学不能放弃它的过去。对依靠自身努力取得成功的科学家来说，只要尽其所能地努力，过去的知识宝库无论如何是不会完全封闭的。

二十五年前，大学是排斥而不是帮助科学家。在大学经历了短暂的教学式研究之后，许多有科学兴趣的人离开了大学，以自己的方式进行研究。其他人处境与此类似，那些在文学、历史或工程方面有抱负的人也离开了大学，在未受他们那个时代的高等教育的影响下成长起来。选修制提供了诸如此类的条件。它不仅使学生的学习有了新的动力，而且使一批新的学生处于大学教育的影响之下。

在我们的教育史上，过去十年中，没有什么比我们主要的大学学生人数的增长和这些学校影响力的相应增长更加引人注目了。然而，最明显的事实是，这些学生不愿去传统意义上的大学上学。传统大学的理想在价值上并没有提高，但是，新的教育机会和现代思想的鼓舞给大学带来了各个行业和阶层的学生，而他们的前辈在二十年前未曾想到过能进入美国大学上学。在旧的教育观念仍然占统治地位的学校，不管学校是富是穷，学生的数量和学校的影响力都没有提高。除非大学教育涉及思想解放，除非大学教育能提供一些值得思考的东西，否则它在未来的教育系统中将不会有一席之地。我们国家的未来将取决于大学生，因为未来的大学将满足所有有才能的人的需要，并使他们的才能得到彰显。

科学家不希望低估文学或古典文学的训练。高等教育的改革并不是要反对古典文学。这是一种呼吁，因为人们想当然地认为，古典文学是通向文化的唯一大门。它断言掌握文化有上千条途径——就像有多少类型的人，就有多少种文化一样。科学教育只要求发展的自由和根据它的成果进行评价的权利。

随着研究的不断发展，大学开始需要更好的工作方法、更好的仪器设备、更多更好的图书资料、更大的馆藏尤其是著作的收藏，而不是值得炫耀或令人惊奇的事物。大学需要的是更优秀的教师，而且这样的教师多多益善。良性竞争制度在大学中建立起来，从那以后，通过良性竞争，一个人的薪水在某种程度上与他的能力相一致，在忍饥挨饿的人之间为争夺职位而展开的竞争，正在变成在富有且雄心勃勃的高校之间争夺人才的竞争。

美国教育发生的巨大变化之一是将科学方法推广到许多以前被认为本质上是不科学的学科上。这种变化很大程度上受到德国的影响。三十年前，精神哲学是大学校长主要讲授的课程之一，与校长讲授的道德科学和政治经济学相似，这门学科完全是教条主义的。精神哲学是一门完整的学科，它的基础是思辨并根据逻辑推理而发展，学生们从来没有想到通过实验证明或者调查研究来取得进步。

现在，心理学完全从形而上学中分离出来，与生理学和胚胎学一样成为一门实验科学。在这方面，伦理学和教育学，通过那些与我们用来检测化学亲合性规律相同的方法，正在加入儿童的科学研究和权利法研究之中。形而上学也加入了历史科学。正如历史所显示的，它不再是对直觉的和绝对的真理进行研究，而是对人类的宇宙观进行批判性研究。旧的形而上学思想正在消失，很快就会被从黑暗时代兴起的科学所取代。

历史学也不再是对国王和战争的记录。它是对人类文明、人类社会的科学和人类习俗的描述。德国人已经告诉我们，一切知识都是科学，都可以按顺序排列，都可以通过系统的研究方法不断增加。

现在，对语言的研究在语言学——研究语言发展的科学中达到了顶点。现在人们对每个学科都在进行研究，或者人们可以根据归纳法，以及根据连续而有序变化的观念对每个学科进行研究。这种连续而有序变化的观念我们称之为“进化”。这一观念已经被认为是所有人类知识的基础。四季能够返回是因为季节返回的条件可以再度出现，但生活世界中的条件一旦失去就一去不复返了。我们了解现在，但是我们只有根据过去才能彻底地了解现在。过去必定会决定着现在，因为现在通过不变的规律与过去联系在一起。所有知识的进步意味着对这一事实的承认。科学研究必须以有序变化的观念，或者按照进化规律变化的观念为基础。

归根结底，正是在场的学者们造就了这所大学。正是有了这些学者，伊利诺伊大学才得以存在。这所大学既不位于香槟市（Champaign），也不位于乌尔班纳市（Urbana）。不管在任何地点，只要大学的教师在那里，大学的人员就会去那里。今天我们在这里聚会是要致力于大学的科学馆的工作。我们都为这座科学馆的未来工作感到高兴，但我们并不把它看作是一个新的会馆，也不把它看作是一个新的创造物。这仅仅是布里尔（Burrill）和福布斯（Forbes）工作的一个自然结果。1878年，我参观了福布斯博士在诺马尔老教学楼的小型动物学讲习班；1882年，我在路对面属于布里尔博士自己的小房间里看到了毒菌和细菌，从那开始，我就预告要建成这座科学馆。我们并不在意这座砖混建筑、它的桌子、它的书架和它的显微镜，因为这些都是真实的存在。我们关心的是福布斯和布里尔。这座科学馆仅仅是那些优秀的工匠能够为他们的工具提供遮蔽的一个更好的工具房而已。他们的工作将与以前一样。这种冲动和榜样是我们最好的保证，只要这座科学馆还在，我们就会在里面找到优秀的工匠。当这些优秀的工匠放弃了他们的工作时，另一个福布斯、另一个布里尔、另一个罗尔夫（Rolfe）将会填补这些空缺。伊利诺伊大学将会度过这几年艰难岁月，因为这所大学的人坦率忠诚、乐于奉献、意志坚定。

13

人生的旅程[1]

① 1890年，在印第安纳大学毕业班的演讲。

我曾在一个星期六的下午，从坎特伯雷市走出来穿过肯特郡的一片田野。古老丘陵上的啤酒花已经成熟了——啤酒花的种植是英国这一地区的主要产业。采摘啤酒花的工人已经完成了他们一周的工作，为了周日的休息他们正在返回坎特伯雷的家中。我在加德希尔路上遇到了他们——就像是一支长长的现代朝圣者队伍。他们成百上千地走过来，大概有五千人。走在前面的是年轻而精力充沛的人，其中有健壮的青年、活泼的少女，他们在完成了一天的工作之后压根就没有想过还有十英里的路程要走。随后而来的是年纪稍大些的人，虽然他们与前面的年轻人同样强壮，但是看上去更加庄重，他们一步一步平稳地走着。在这些人的身后是这支行进队伍的主体，主要是老人和少年，他们的精力正在衰退或者尚未成熟。

之后走过来的是那些携带更多东西的人：男人领着男孩或女孩，妇女挎着篮子或带着抓着她们裙子行走的孩子。在这些人的后面还有抱着婴儿的妇女和拄着拐杖蹒跚而行的男人。在行进队伍的最后，是那些在路边酒馆里喝了一杯杜松子酒的人，对他们而言好像一杯酒的重量就是一个人所能承受的负担的极限了。

看着他们的时候，我突然萌生了一个想法：这支去坎特伯雷的现代朝圣者队伍，仅仅是我们所见过的所有生命中更大的队伍中的一部分——我们的整个生命是一个无止境的行进过程，在这一过程中你们从现在这个地方出发前进，从而成为整个行进队伍中的一部分。这种想法有点类似于《天路历程》——该书由约翰·班扬（John Bunyan）[①]在贝德福德监狱中所写，是一种自然而然产生的想法，就像我们在回顾人的生命历程时产生的想法一

① 约翰·班扬（1628—1688），英国著名作家、布道家，代表作为《天路历程》（*The Pilgrim's Progress*）。——译者注

样。我们要肩负怎样的重担，我们将如何到达行程的终点？我们一开始就背负了天生的弱点和天生的罪恶，在人生的道路上我们又承担了许多新增的负担。在太阳下山前，我们到达了坎特伯雷能看到什么景象呢？如果我们永远到达不了坎特伯雷，那么我们这一路的努力又有什么用呢？

让我们抛开这个隐喻，这种说法可能显得很烦琐。我们遇到了每个人都会再度遇到的老问题，尽管无数代人一直在尝试解决这一问题。对我们来说，人生的成功是什么？当然不是获得财富，虽然与我们同行的许多朝圣者似乎是这样认为的。如果人生的成功仅仅是获得财富，那么我们肯定是误入了歧途。你们没有走在正确的道路上。通往财富的道路比你们已经选择的道路更短，尽管这条路可能不会通向坎特伯雷。如果你们把时间用在寻找黄金上，你们一定会找到它。一个人可以找到他想要寻找的任何东西。但是，除了你的同伴同意赋予它的价值外，黄金没有任何价值。我们可以说，当一个人停下脚步去寻找黄金时，他便浪费了时间。当一个人仅仅拥有黄金时，实际上他是一无所有的。

仅仅拥有名声不等于成功。神灵并不关心人们彼此之间的看法。仅仅获得力量也不等于成功。人类的力量无法改变任何注定不会变化的东西。只有当杠杆作用于移动的行星时，杠杆才能撬动它。当人类的力量违背了人类发展规律时，它就一钱不值。

我们的周围遍布着朝向正义的力量。我们拥有的或者似乎拥有的所有力量，都来自我们与这些力量的协调一致。没有什么力量是永恒的。世界上的一切都在迅速消逝。难道对个人来说没有成功吗？所有的人生都是无能的吗？并非如此。如果以无限的标准来衡量，所有的人生都是短暂的、脆弱的、无能的。然而我们知道，如果以个人的标准来衡量，有许多人生是非常成功的。我们都接触过这样成功的人生，我们自己的人生也因为这些接触而变得更加丰富。但我们也知道，世界上存在着失败的人生。我们在路上遇见过他们。他们摇摇晃晃地从酒馆的台阶上与我们擦肩而过。他们随着行进队伍前行了一段时间，但却没有行进的动力，他们越来越远地落在后面——有时独自一人，有时还拖着别人一起行走。

这些都不是成功的人生。它们能给我们什么教训呢？这些失败的人生有什么共同点？希望获得成功的我们可以避免哪些共同的因素？是贫穷吗？我们现在生活在最富有的时代，生活在最富有的民族中，如果我们得不到财富，难道人生就是一种失败吗？

有许多人是这么认为的。在我们整个文明之下，贫穷被描绘成无精打采的哈欠和没有尽头的深渊。如果我们避免了贫穷，我们能保证防备得了各种形式的精神失败吗？

我们知道真实情况并非如此。失败的人生在富人中和穷人中一样普遍。在宫殿中和茅屋里我们都可以找到失败的人生。长期的贫穷可能是一种精神枯萎的症状，但是它不是精神枯萎的原因。真正的病因深藏于这一症状之后，正如那些试图通过使穷人拥有财富来治愈贫穷之痛的人所深知的那样。

贫穷本身甚至不是令人沮丧的原因。多年来学生一直是贫穷的，但是在人生的进程中学生从来没有落在队伍的后面。站在我面前的你们，是我们学生群体中的精华，不要带着鼓鼓的钱包站在这里。你们的金钱和土地，以平均水平计算，无法维持你们一年的时间。许多救济院的收容者的实际表现可能会比你们今天所能做的更好。然而，你们不是贫民。没有人会这么想你们。你们所拥有的某些东西——当然不是金钱——会帮助你面对未来。这是一些实在的东西，是具有引用价值的东西。的确，存在于失败的人生中的相似元素并不是他们的贫穷。

难道是疾病或者身体虚弱导致了人生的失败吗？我们知道并非如此。我们周围有的人拥有高大的身躯，但灵魂似乎已经逃离了躯体，而有的人拥有任何痛苦或疾病都无法驯服的灵魂。19世纪的伟人无一不是成功的人士。然而，在他真挚而美好的四十年生活中，达尔文知道他无法像其他人一样享有哪怕一天的健康生活。

那么，我们可以寻求什么来保证我们不会失败呢？我们所追求的，难道不是存在于人的内心深处，存在着的生活的理由吗？这难道不是多年来区分人生成功与失败的一块试金石吗？如果一个人为了有价值的目的而活着，他的生命就有了价值。人有了一生的目标，有了值得一生去追求的目的，那么人生就不会有失败。为什么会这样呢？人生有长有短，但是人生的完美取决于为什么而活着。

坚持一些事情——值得为之奋斗一生的事情。你的目标是怎样的，你的人生也会是那样。你所追求的目标像是一张护身符，会保护你免于失败。只要你的目标始终不变，你的人生就不会失败。贫穷无法限制你，疾病无法削弱你，逆境无法压垮你。你的人生不断前行，只有你才能中断它。要实现人生的最终目标需要有强烈的冲动。如果你过着一种没有真正目的的生活，那么你的生活就是一种负担，甚至远在你怀疑生活之前，死亡就会来到你的身边。你的周围是那些已经死去的人——也许根本就不曾活过。比鬼怪或游魂更可怕的是，我们每天看到的都是一些没有灵魂的躯体——那些人虽然会行动和呼吸，但在我们看来他们已经死亡了。

随着时间年复一年不断地流逝，你们的人生会走向不同的方向。让我们祈祷吧，希望你们能够好好生活直到实现自己的最终目标。希望在这个世界上每一次点名的时候，当你被点到名字做出回答时，可以确信无疑的是，你还活着。

14

人的成长[1]

① 1889年，在印第安纳大学毕业典礼上的演讲。

一位智者曾经说过："《圣经》是由在野外生活的人所写。如果我们想要理解《圣经》，我们必须在野外阅读它。"撰写《圣经》的人是牧羊人和渔夫，那些人夜复一夜地躺在星空下，对他们而言，朱迪亚山丘（Judean hills）的草地是最柔软的枕头。在撒母耳（Samuel）[①]和大卫（David）[②]时期，甚至国王和先知也是在野外生活的人。在野外生活的人谈论野外的事情，每个与权威说话的人都必须说他所熟悉的事情。

事实上，如果你让我把小事和大事进行比较，我为今天用我自己的方式讲我的观点而道歉。我希望从源自某些事实或惯例的道德中、从我所知道的科学中汲取一些教训。我们研究的是大自然，而不是事物本身，但是这项研究使得我们更加接近事情的实质，更加接近所有的死亡与生命问题的终极答案。

在人的胚胎发育过程中存在着这么一个阶段，即当人的胚胎尚未发育成型时，我们无法把人的胚胎与其他哺乳动物的胚胎区分开来，如一只狗或一只绵羊的胚胎。在同一时间里，可能两个胚胎非常相似，一个注定成为狗，因为它具有犬科动物的血统；另一个以同样的方式注定成为人。我们可以假设，对我们可以提供的所有的标准而言，这两个胚胎是完全相同的。它们在结构、形式和化学成分上没有什么不同。它们发育的路线在一段时间内似乎是相同的，但是最后两者的差异变得明显起来，它们的进程永远不同了。一个胚胎似乎逐渐失去了其成为人的可能性，而另一个胚胎以自己的方式远离了狗的特性。一个胚胎向着最终成为人的方向发展，而另一个胚胎朝着其命中注定成为狗的方向

① 撒母耳，基督教《圣经》中的人物，希伯来领袖和先知。——译者注
② 大卫，古代以色列-犹太王国国王，据《圣经·撒母耳记》记载，大卫统一犹太各部落，建立王国，定都耶路撒冷。——译者注

发展。

即使这两个胚胎的同一性看起来是最完美的，差异也一定是存在的——一种无形的、非实质的差异一定存在，这种差异对导致不同结果的必然性仍然是有效的。一个胚胎可能拥有人的属性，而另一个胚胎则没有这样的可能。我们所能设想的任何条件都无法使狗的胚胎具有人的属性，因为在狗的胚胎中不可能存在人的属性。有些东西超越了化学现象，它有助于每一个胚胎经过许多变化达到预定的结果。

如果胚胎发育是完整和正常的，则这一过程基本上是正确的。如果胚胎以通常的方式继续生长，那么它就会变成它可能成为的那样。胚胎所缊含的潜能或者隐藏的力量，赋予了它生命的形式。但并非所有的发育都是正常的。胚胎生长可能会过早地停止，留下一个永远不成熟的状态；也可能因死亡而中断，最终什么都不是。这种事情有时候在我们人类中也会发生。世界上有身体或精神发育不全的人——那些人在成年时却仍然只有儿童的身高或智力。同样，衰落和衰退迟早会降临。如果衰退过早地开始，我们就会退化而不是发展。在这些方面，人是这样，其他所有的生物也是如此，因为在某种程度上，所有的人类发展规律都适用于动物和植物。

进步带来进步。博物学家告诉我们关于超越祖先发展的情况和超越先前的完整性而达到完美的情况。在这种生长过程中，祖先完全成熟的状态成为雄心勃勃的后代发展的青年阶段。后者的成熟状态在一个或多个方面超越了祖先。这种在有机世界随处可见的超前发展是群体进步的原因之一。在哲学家旁边，普通人看起来像个孩子。伟大灵魂的发展是按照比我们更高的潜能进行的。或者更确切地说，伟大灵魂的发展可能是按照我们所拥有的潜能进行的，但这种潜能在我们体内处于休眠状态。杰出人物需要极好的机会。环境影响一切发展。环境可以使我们的潜能充分发挥出来，或者可以限制我们潜能的发挥。环境可以使我们超越自我，也可能会使我们封闭起来，以至于我们本该成为的那种人只能存在于我们的梦想中。如果环境过于艰难，这些梦想最终也会中断。

低等动物和植物与此类似。每一个个体沿着自身潜能与环境阻力的合力方向发展，于是产生了各种程度的适应，从这些不同程度的适应中又产生了关于生存竞争中适者生存的规律。有机生命存在差异的主要原因之一在于超前发展或发展迟钝的环境。更高级的有机体，即更加成熟的有机体，是一种在其生长过程中所取得的进步超越了其祖先的有机体。它省略了不重要的发展阶段，并立即跃升到其发展潜力的更高阶段。它已经非常接近于实现它的内在潜力。另一个有机体可能未达到祖先的成就。该有机体退化了，因为它的潜力实际上已经劣于其祖先。

花商留下最好看的花朵的种子，这样花的品种可以变得更加完美。家畜饲养员认识到每种家畜的品质具有遗传性，并据此来挑选家畜。因此，年复一年，我们有了跑得更快的赛马、产奶更多的奶牛、毛长得更厚的绵羊、大脑更加聪明的狗，以及形态各异的鸽子。只要有时间和耐心，沿着某种路线发展下去，任何事情都有可能。正因如此，我们家养的动植物变得越来越能满足人类的需要或爱好。但是，这匹赛马的潜能来自那匹老马，其遥远的祖先可能十分钟内只能悠闲地小跑一英里。经过训练的狗，“除了说话任何事情都会做”，其潜能来自消瘦而胆小的狼，不同种类的狗都是狼的后代。

更完美的发展来自自身和有利环境的帮助，而不是由有利的环境所引起的。我们所使用的一些特定的术语也反映了这一点。我们“教育”，即我们“引出”的意思。我们“发展”，即我们“打开”隐藏在原包装里的东西之意。我们“成长”，即我们“展开”的意思，就像蕨类植物的芽球展开成为巨大的蕨类植物叶子。因此，我们“展开、打开、引出”的东西都是业已存在于其中的东西。我们可以帮助实现潜在的可能性，但最终能产生什么，取决于胚胎中所蕴含的潜能，无论这种潜能是多么的迟钝和无力。这种潜能又不仅仅由胚胎所决定，因为胚胎中的任何东西一定是其母体所具有的一种可能性。

没有什么伟大的东西来自虚无（nothingness），在其背后一定存在着某种力量。在林肯不起眼的祖先中一定有一个潜在的林肯，否则林肯就不可能存在。我们可以相信系谱学中的一些研究不久将会证明这一点。在每一种生命中都一定存在着某些尚未实现的潜能。如果不是这样，那么进步的界限早就达到了；如果不是这样，那么比已有的更快速的马匹、更明艳的花朵、更甜美的歌声、更高贵的思想和更纯粹的生命永远都不会出现了。可以将潜能设想为一系列从过去通向未来、进入太空的直线。潜力最高的是其中最有利于生命成熟的那条线。对于任何有机体来说，要沿着这条潜力最高的线生长就要充分利用自己，同时也要充分利用其后代，要做到最好可以从控制遗传开始。个体的发展成为种族与生俱来的权利。与未来的人相比，过去的人很幼稚。几个世纪前，我们的祖先居住在瑞士境内众多湖泊旁边的儿童游戏室里。无论上一代人坚持不懈地努力做什么，下一代人都可能会轻而易举地完成。如果说我们通过努力已经超越了自己，那么我们的后代也可以以相同的方法无须努力就超越我们。我们梦想的人将超越过去人类的弱点。完美的人将成为世界的主人，因为他是自己完美的主人。

就像在物理世界中存在着许多偏离正常类型的情况一样，可能存在着不完全的、畸变的或退化的发展。在道德世界里也存在同样的情况。这种与理想类型的背离，我们称之为罪恶（sin）。罪恶是人没有意识到他最高的发展潜力。它的衡量标准是人的现实状况与可能状况之间的差异。这与精神上的逆行性发展或畸变发展类似。个人的堕落就是罪恶。通常，苦难是大自然对个人堕落的抗议。

完全堕落不是自然的状态。自然的人是善良的人；最缺少人性的人是弱者和邪恶的人。埃米尔（Amiel）[①]说："伟人是真正的人，这些人取得成功是他们本性的成功。他们并没有什么非凡之处。他们是真正合乎时宜的人。他们不应该成为其他类型的人。如果我们希望尊重某些人，我们必须忘记他们从事什么工作，关心他们隐藏在其内部的理想——成为正直高尚、智慧善良、有灵感和有创造力的人。这种人是忠诚可靠的，是更崇高的人和我们称之为领袖人物的非凡的人。只有英雄、天才、圣人，和谐的、强大的和完美的人，才名副其实。"

那么，如果罪恶是延迟发育或畸变发展，正义就会沿着我们道德发展潜力的路线进一步发展。因此，只有在自我控制和自我奉献方面不断努力才能实现正义。正如亚里士多德所说："自然不会使我们成为好人或者坏人，她仅仅给我们提供了成为好人或者坏人的机会，也就是塑造我们自己品德的机会。"舒尔曼（Schurmann）博士说："正如你会强调，大部分的遗传是我从祖先那里获得的，但是在品德方面仍然是我塑造了自己。"这是更

① 埃米尔（Henri-Frédéric Amiel，1821—1881），瑞士哲学家、诗人和评论家。——译者注

高的遗传，是我们过去所有行为或条件的综合；“我们在已经逝去的昨天的行为绝对支配着我们”，“站在他们死亡的垫脚石上，人们一定会上升到更高的高度”。同样地，站在他们祖先的垫脚石上，不同种族的人一定会上升到更高的文明。但是，如果没有朝着更高尚的生活方向努力，不管是有意的还是无意的，那么下一代将无法超越上一代的水平。此外，在生活的世界里没有什么东西是一成不变的，在这里一切都是不进则退。因而没有履行这一指导原则的民族、国家和社会都已经衰落。

如果以这些类似的情况为基础存在着一些真理，那么这些真理可以广泛地应用于人类生活的事务中。

现代生物学的核心思想是所有的生命都是通过遗传联系在一起的，所有生物的祖先通过无数代的逐渐变化可以追溯到更简单的形式。与此相关的事实是，胚胎发育的各个阶段与地质史上胚胎出现之前的一代又一代生物的整个发展情况基本一致。

“个体的自然生命是它所属群体历史的缩影。”儿童的早期生活通常与人类群体最终发展为成人的历史相一致。19世纪儿童的心理发展阶段大体上体现了我们种族初期所经历过的阶段。从这个意义上，每一个生命都是整个生命历史的浓缩。德国有一句谚语是这样说的：“在每一座坟墓里都埋葬着一部人类的历史。”

我们对进化的研究催生了一门新的伦理科学，它教导我们借助已有的知识，明确应该怎样做。“解决时代的难题需要时间。”正如有人曾经说过的，这一研究的核心问题不可能是“过去人们认为应该怎样”，而是过去发生的事情通过引导人们到更高的境界，来证明自己的合理性。通过回顾人类已经走过的道路，而不是孤立地看待人类的早期历史，我们可以发现人类将要行走的道路的踪迹，因为只有小部分人类的早期历史在我们的研究范围之内。我们人类的历史是仅有的文明的历史，因为未开化状态是无法书写历史的。我们可以超越人类原始落后状态的混沌时期，去追寻我们与野兽共同拥有的更古老的历史。如果我们找到了从动物特性到人类文明的过往发展的路线，在某种程度上我们可以把这条路线作为人类进步的方向延伸到未来。

这条路线通往哪里呢？人类与野兽有什么不同呢？

人的智力无疑是一份独特的财富。正如人们所说："当我们断言人的大脑是一切物种所经历的各种变化中最巨大、最具革命性的变化时，没有必要否认低等动物也有智力。"在承认良知是人的本质属性这一事实的同时，没有必要否认狗或马也有良知的要素。具有个人责任感，能辨别善恶，这既是人的责任也是人的荣耀。智力和良知是人习得的产物，因为有了它们，人才成为人。

这种思想不一定会阻止我们承认这些力量的自然起源，因为一切现象都是相似的自然现象。毫无疑问，低等动物的精神力（the psychic force）所体现的简单自动反射动作是所有神经过程的原型。感觉—思维—行动：这是这些现象能够出现的唯一顺序。感觉是行动的唯一来源。所有的思维倾向于转化为行动，在思维转化为行动之前，没有任何心理过程是完整的。大脑没有教师，只有感觉神经给大脑带来知识。大脑唯一的仆人是肌肉，因为只有通过它们的能动作用大脑才能接触到外界。从本质上来说，智力是对活动中许多可能的反应做出选择的能力。简单的反射动作或"本能"是不存在选择的。它的活动是不由自主的，而且是以不变的方式进行的。选择一个行动而不是另一个行动是一个智力过程。这种选择的能力带来了它的责任。无论谁都必须做出正确的选择。错误的选择会给自己带来毁灭。良知是一种认识，或多或少是自动的，即认识到我们选择的一些路线比其他路线要更好，而且必须得到遵循。在这一点上，我们所说的“更好”一定是指有利于生活，最好是“让生活变得更加富裕”，最好是使个人及其同伴能够自我实现。在社会生活中，自私自利是不“正当的”，即使对个人而言也是如此，因为一个人的福利与所有人的福利密切相关。这里始终存在着一个协调自身要求与他人要求的问题。解决这个问题是理性生活的一部分。所有的公正都一定是相对的。它可以被比作一条方向线而不是空间的一个位置。不存在绝对的公正。如果有，那么这将标志着精神成长的极限。

通过生命发育和竞争的自然过程来说明良知的起源，不是否认良知的存在或降低它的重要性。我们知道的所有事情都是自然相似的——人类的起源，或者雪堆的形成。所有这些都同样是超自然的，因为我们所知道的自然并不是自然的全部。当我们看到任何事实或过程的真实关系，作为事物本质的内在联系时，它变得崇高起来。爱默生告诉我们，正确的行为是“在行为中遵循事物的本质，而事物的本质使正确的行为流行”。能够自动或理性地识别一种反应比另一种反应更好的事实是人的属性。人或种族的良知越强，在精神发展的等级上其地位就越高。产生公正的真正本质是良知而“不是我们本人的某物”。因为“某物”虽然“不是我们本人的”，但它在人的本性中占有一席之地。要实现个人最高贵的发展潜力——那是正确的。没有实现发展潜力就是发育停滞、有缺陷和过失。

良知与任何其他心理过程一样可以声称绝无错误，但是它也许是扭曲的、潜伏的、无效的。“清醒的”良知本身是正常发展的结果。发育停滞仍然是一个缺点，它的主体没有意识到它。大自然不会赦免任何一个以对自然规律不了解为借口的犯规者。弯曲的树枝仍然是弯曲的，因为外部的力量一直作用于它。这棵树本该垂直生长，但在这一点上它失败了。

人们常说，道德只是相对的，今天是正确的，明天将是错误的，没有绝对的善行，只有个人的快乐或功利。这种情况的真相是什么呢？让我们用婚姻的习俗和法律来加以说明吧。历史告诉我们，古代的族长做了错事，但无论是族长还是先知，尽管他们是严厉的道德家，都丝毫没有把拥有许多妻子看作是错误的行为。大卫的罪不在于娶了另一个妻子，而在于在那场谋杀中他占有她的财产。我们的文明现在谴责一夫多妻制，我们的法律和信仰倾向于赞美家庭的神圣性和统一性。当相反的倾向占据主导地位时，它会像一夫多妻制那样消亡，难道终身制婚姻（marriage for life）只是当时的一种风尚吗？如果一种婚姻真的是对的，那么另一种婚姻真的是错的吗？我们可以用什么方法来检验这个问题呢？

我认为，这可以表明，人类最丰富的生活依赖于家庭的发展。妇女地位的提高已经成为现代社会发展的基础。高尚的妻子和母亲意味着种族地位的提升。在一夫多妻制中，妇女的地位是不可能提高的。如果情况如此，那么种族的最高潜力只能通过平等的男人与平等的女人的婚姻来实现。在早期社会，一夫多妻、殴打妻子、贩卖妻子和类似的行为可能确实是真实存在的。这些行为在处于早期阶段的种族中可能是正确的。“他们的谴责说明黎明已经来到了这个世界。”这可能是人类在获得更高的发展之前必须经历的一段成长。

同样地，在尊重他人权利方面，我们也经历了一个缓慢的发展过程。对于低等动物来说，每个不同种类的动物都是异类和敌人。对于更高级一点的动物，我们能观察到家庭生活或社会生活的雏形；然而，通常对野兽而言，所有其他的野兽都是可疑的和仇恨的对象。在人类的早期部落里族人会杀死陌生人，毫无疑问还会吃了他，并且完全问心无愧。即使是古代最开化的民族也会谋杀和掠夺所有其他种族。

欧洲的每一寸土地上都留下了肆意流淌的血迹。欧洲历史上每一时刻都存在着人们痛苦的哭泣。“旧世界”的历史就是一部关于人类不必要的痛苦和不必要的损耗的漫长历史。然而，大量的暴行一直呈减少的趋势。这种暴行每个世纪都要比上个世纪更少。我们已经看到了最后的圣巴塞罗缪（St. Bartholomew），最后的血腥审判（Bloody Assizes），也许还有最后的滑铁卢（Waterloo）和最后的色当（Sedan）。位于“杜赞德弗雷森”（Duizend Vreezen）的旧房屋，即在鹿特丹的集市上的“千兽塔”（thousand terrors）教堂，像一座永远不会再次出现的纪念碑矗立在那里。人类的生命越来越受到崇敬。人类文明的历史是人与人之间变得越来越善良和宽容的历史。

奴隶制的历史给了我们同样的教训。一旦奴役了被征服的人，就要用比较仁慈的态度对待他。奴隶制与嗜血成性或大屠杀相比是一种具有积极意义的进步。我们发现在犹太人早期的历史中没有任何对奴隶制的谴责。我们发现在欧洲早期的历史中也没有对奴隶制的任何谴责。奴隶曾经在我们的国家被有权力的、淳朴的人进行买卖，他们丝毫没有觉得应该受到良心的谴责。美国独立革命历史上的英雄们也并不是废奴主义者。

确实，未来的人将不会成为奴隶主，“因为这话是上帝曾经说过的”。在有奴隶的国家里，必然没有自由的人，因为无论我的邻居受到什么压迫，这种压迫在某种程度上也会来到我身边。

“他已经成为世界上所有民族中的一员。”“你们怎样对待我这些最小的弟兄，你们也会这样对待我。”

我们知道，人类正日益认识到所有的男人和女人都需要有平等的机会。民主的基本原则是“人人享有平等的权利，任何人都不能有特权”。这是人类制度的发展趋势。一个世纪前，我们的先辈说：“我们认为这些真理是不言而喻的，即人人生而自由和平等，每个人都被赋予了某些不可剥夺的权利，在这些权利中包括生命权、自由权和追求幸福的权利。”这些权利不能被剥夺。

人与人之间手足之情的适用范围扩大到了野兽。一个社会“禁止虐待动物”，这在弗龙特·波夫（Front-de-Boeuf）[①]或“狮心王”理查一世（Coeur-de-Lion）[②]的时代是不可思议的，在那些文明落后我们一两个世纪的国家也是难以置信的。在哈瓦那的清晨，一队长长的骡子满载猪和羊从乡下进入城中。这些动物的腿被绑住，头朝下成对地悬挂在骡子背部的鞍具上。它们排成一纵队从山上走下来，骡子背上的猪在大声嚎叫，而羊无助地不出声。没有人注意到它们的痛苦，因为在古巴似乎没有人关心动物的痛苦。周日下午，在同一座城市哈瓦那，优雅的女士和热情洋溢的骑士成群结队地去参加他们最辉煌的节日——斗牛节。斗牛不是一场战斗，它简直就是一场屠杀，因为一场公平的战斗还有某种正当的理由。公牛因为受到刺戳疼痛而变得疯狂，它被允许用锋利的牛角刺杀两到三匹虚弱或瞎眼的马，最后一位熟练的屠夫刺死了这头公牛。对我们而言，一个以这样的屠杀为乐趣的文

① 弗龙特·波夫，英国作家沃尔特·司各特创作的中世纪骑士文学代表作《艾凡赫》（*Ivanhoe*，1819）中的人物。——译者注

② “狮心王”理查一世（1157—1199），英格兰国王（1189—1199）。——译者注

明简直就是野蛮。人类的成长要远离这些事情。当人类尚未开化时，虐待动物可能没有错，而且也没有足够进步的良知去谴责它。一切形式的残酷行为都是未成熟的标记，未来理想的人不会残酷地对待人或野兽。随着时间的推移，人与人之间的手足之情将会扩展到所有的生物，因为相同的感觉使它们与我们相类似。

我们无法断定这种手足之情可以走多远，但是有一点是无可置疑的，我们现在对动物的关系，尽管现在也许是恰当的，但将来有一天会是残暴的。当文明人认识到地球上每一个生物的权利都和他自己一样神圣时，可能这一时刻就会到来。对我们来说，这一目标可能距离我们很遥远，甚至远到我们无法想象，但是缺少了这一点，任何事情都无法成为完美的文明。

埃米尔说："如果一个人成为他应该成为的那样，他将会受到低等动物的喜欢，对低等动物来说，他常常是个反复无常的、血腥的暴君。当我们的标准变得更高，我们的人性变得更严苛的时候，这一天将会到来。霍布斯说过，'人相对于其他人就是一只狼'。终有一天，人类会变得仁慈，即使是对待狼。

"在犹太人的历史中，没有什么情况比相爱的法则不断增强更为明显了。'以眼还眼，以牙还牙'——即使这标志着亚扪人（Ammonites）[①]和赫人（Heth）[②]的后代在伦理方面的一个巨大进步。然而，这种进步与'登山宝训'（the Sermon on the Mount）[③]之间的区别和野蛮状态与最高文明之间的区别存在着根本的

① 亚扪人，在基督教《圣经·旧约》中住在约旦河东，亚嫩、雅博两河之间的居民。——译者注

② 赫人，也译为赫梯人或哈梯人，《圣经》中的一个民族，出现于公元前1900年左右。——译者注

③ 登山宝训，《圣经·新约》中耶稣在加利利山腰处发表的讲道，集中表述了耶稣的教义和基督教的根本精神。——译者注

不同。

“你们听到有人曾说过，你们要爱你们的邻舍，恨你们的仇敌；但我告诉你们，要爱你们的仇敌，祝福诅咒你们的人，厚待憎恨你们的人。

“挖下去吧，对旧坟墓进行发掘，你会发现在每一块石头上每一个时代都雕刻着他们所知道的上帝的形象。

“雕像的外形看起来有时候丑陋，有时候粗野；但这是他们所知道的最美的形象。

“即使他们视线模糊，向着地面，然而他们的希望和目标是正确的。

“就像诸神一样，他们的律法也是各不相同的，强大的雷神可能会咆哮和潜行。

“因此通过许多平静的水湾撕裂了诺斯曼人航行在波涛中的小船。

“但是一部新的律法在基督降临的时候产生了，这部律法不像以前那样无可指责。

“我们向他支付了我们微薄的捐税，我们会把我们的生命和信仰奉献给雷神。”

那么，这个问题是我们的问题——我们是否在人类的发展中发挥了自己的作用？在当前的生活中我们正在前进吗？我们的年代是否标志着人类努力追求完美的里程碑呢？当我们的发展已经达到顶点的时候，我们内心的上帝是否会更多地展现？我们能给孩子们留下比前辈留给我们的更好的大脑和灵魂的遗产吗？人类在相爱的法则方面几乎一无所获吗？如果我们在这一努力中尽了自己的力量，我们的生命就没有虚度。如果我们逃避和畏缩不前，那么我们的世系就是一系列退化的血统，我们的世系就是人类之树上的一根枯枝。

要想正确地生活，就要引导我们的生活朝着人类正在行进的方向发展——不是所有的人，也不是普通的人，而是那些他们所生的孩子中保留下来的未来的更好的人。人生的目的是要像现在的人能够做到的那样接近未来的人。但我们必须要有耐心，并且要付出我们所有的努力。生命的过程尚未到达终点。人类仍然处于其幼年期，这个古老的世界仅仅在与人类生活的岁月相比较的时候是古老的。只有经过成百上千年的努力和追求，人类才能接近尽善尽美，相爱的法则才能至高无上。

有些书籍已经记录了人类文明史上的七八次“决战”。这些都是重要的战争，但任何一场战争的利害关系都比它呈现出来的要小。可能根本不存在什么决战。无论战争是输是赢，人类的发展继续进行。如果查理·马特（Charles Martel）在普瓦提埃（Poitiers）战役中被摩尔人打败，那么基督教的因素就会在欧洲发挥其作用。一场战争可能决定一个人或一个国家的命运，但不可能决定人类的命运。国王无法阻止人类的发展。牧师无法抑制人类的发展。人类的发展从来没有被埋没在失败的尘埃中。

奴隶制的消亡并不是因为葛底斯堡（Gettysburg）战役的失败。它从一开始就注定要失败，它的废除只是一个时间问题。没有什么能挽救它，而奴隶制的拥护者在战场上的成功只会延后其终结时刻而已。大自然的力量对它是致命的，就连万有引力定律和乘法表最终也能战胜它。持久的事物能激发出人的更大的潜能。其他的一切一定会消逝。

不久前，在布鲁塞尔的一个画廊里，我看到了维尔茨（Wiertz）一幅引人注目的画——《未来的人和过去的事》。在未来的人张开的右手里有一些元帅雕像、枪、剑、战旗、拿破仑参加战役的随身用品，他的左手握着一枚放大镜，放在它们上面仔细地察看。与此同时，他身边的一个小孩睁大眼睛好奇地看着，想知道一个人怎么会如此关心像这样的小东西。就这些旗帜和武器而言，在当时影响巨大，但从人类发展的长远角度来看，它们变得像儿童玩具一样微不足道。

帝国的衰落与瓦解不是国家的衰落或衰败，而是生活在这些土地上成长中的人的衰败。国王和国家随着人们的前进而后退。对国家的爱必须融入更崇高的爱国主义和对人类的爱。从促进人类成长的步伐来看，历史中的这些变化对我们有着更深刻的意义。我们的学习变得高尚起来。过去成长的条件是什么？什么条件导致了衰落和退化？是什么使得个体发育迟缓和不成熟，此外又是什么促使他具有最终的人性呢？

现在，当我们回顾缓慢前进的人类历史，看到人类在智慧、技能、自我管理和善良方面的逐步发展时，难道我们无法沿着同样的方向展望未来理想的人类吗？如果基督是完人的话，那么基督在智慧、技能、自我管理和善良方面都是完美的，也就是人类的潜能可以发现在他的身上得到了实现。……早在我们开始意识到基督教信仰的崇高理想有任何可觉察的接近之前，腐朽和死亡就已经降临到我们身上。

《效法基督》（*De Imitatione Christi*）是中世纪最伟大的著作之一。效法基督，只要效仿是真实的——不是在言语上，不是在服装上，也不是在仪式上，而是在内心生活中——仅这一点就能使我们与自然和谐相处，更亲近我们的同胞。“上帝的爱”表达的是对善的爱，是对持久不变的事物的爱，与对仅仅是暂时的事物的爱不同。“上帝的爱”可概括为对更崇高生活的爱，而这正是人类进步的所在。用善良的托马斯·坎佩斯（Thomas à

Kempis）[①]的话来说，“爱是虚幻的，因为它会迅速地消逝”。在吉尼维尔（Guinevere）[②]绝望的话语中，可以听到关于成长条件的要旨：

“爱最崇高的事物是我的责任！”

“这是第一条也是最重要的戒律。第二条戒律与此类似。你要爱你的邻居就像爱你自己一样。这两条戒律依赖于所有的律法和先知。”

我所说的这些话，可以用几句话加以总结。成为理想的人是我们人类必须努力实现的目标。个人为实现这一目标所迈出的每一步都是为人类的发展赢得的一步。结果取决于我们。我们竭尽全力朝实现理想的人的方向努力，这是我们生活的一部分，把过去的野蛮人、现在的人、未来的人联结起来，形成一个联系更加密切的链条——为了我们的理想，我们选择的这个人是最像上帝的人。

① 托马斯·坎佩斯（1380—1471），中世纪后期牧师，《效法基督》的作者。——译者注

② 吉尼维尔，传说中亚瑟王的妻子。她被描绘成一个软弱的机会主义的叛徒，一个有致命缺陷但高尚善良的女士。——译者注

15

社会秩序[1]

[1] 这是一篇尚未发表过的演讲。

在今天的原始文明中不存在由享有完全自由的个人组成的无政府乌托邦社会。秩序甚至比自由更重要。如果秩序不能以任何其他方式维持，那么它就必须用武力来维持。然而，理想的文明必须是完美的无政府乌托邦社会——秩序的维持来自内部，来自人们内心对秩序的认可。秩序不是从外部强加于人，而是通过内在的力量使思想和行动变得正当。文明的成果必须是自愿的合作。当这一成果实现的时候，那么这将是我们废除现有的社会秩序，组织一个新的秩序以适应未来变化的人性的时候，即使那时新的秩序确实还没有形成，还没有被无意识和不由自主地接受。我们已经花了几千年的时间制定出我们所拥有的社会秩序。它是人类所发现的最好的东西，对那些文明社会中的弱者和任性的人来说是最合适的。我们很容易在当前的社会组织中发现错误。像构成社会组织的那些人一样，社会组织要对数以千计的罪行负责。它是"暴力分子"的首领。它榨干了奴隶们最后一滴血，杀害了那些将要成为他们的解放者的人。它在法律的名义下仍然每天干着违反法律的事情。它每天都代表着，而且一定代表着不公正和压迫，但是它也代表着对不公正和压迫的消除，因为知识在不断地增长，犯罪在不断地减少，受压迫者获得了更多的自由，愚蠢的人获得了更多的智慧，不幸的人获得了更多的帮助。长期以来社会组织都超越了特定社会的人，虽然它源自这些人并且由这些人所组成。当前社会组织的运行并不是人类社会中最好的表现。那是不可能的，因为社会是共同的（collective）。它也不是人类社会中最坏的表现，甚至也不是平均水平。它好于平均水平，由于这个原因，一个好人在社会上比一个坏人更有价值，比一个坏人有更多的力量；一个强壮的人比一个虚弱的人更重要，一个聪明的人比一个傻瓜更有价值：这种情况将会一直如此。

完美的无政府乌托邦社会将不会通过炸药来实现。炸药是懦夫的武器。那些通过暴力行为破坏制度或动摇社会的人是那些把自己的生命当作牺牲品的人，而不是给他们的邻居提供生命或财产的人。像这样的人既不需要激励也不需要其他人的热情或欢呼来增强自己。不是威士忌的作用刺激人们把约翰·布朗（John Brown）带到绞刑架下或把约翰·哈斯（John Huss）带到火刑柱旁。这些人不需要制造炸弹或者杀死市民，他们的影响人们自然能感受到。他们认为自己是不公正的法令或法规的牺牲品，因此人们应该学会识别这些法令或法规与上帝的法则之间的区别。上帝的法则的根基不在于国会的立法或国会通过的法令中，而在于人性的本质中，而且它们永远不会被推翻。如果违反上帝的法则，那么子弹和选票也无济于事。但仅仅依靠法令是没有效力的。法令是礼仪和习俗，而上帝的法则就是生活本身。它是人类文明向前运动的表现。法令是冲突的意愿和不平衡的利益之间的暂时妥协。这是“国会解决分歧”的一种表现形式。通过法令法规的形式，人们在政府中发挥作用。从长远来看，法令法规毫无价值。民治政府只有及时成为法治政府（government by law），而不是法令政府（government by statute），才能取得成功。

非常完美的社会总是以不完美的方式呈现，因为一个高度发达的社会是动态的，始终处于不断的变化之中。一个静态的社会，无论看上去多么完美，无论它是一个“乌托邦”、一个“伊卡利亚岛”（Icaria）[①]，还是一座“太阳城”（City of the Sun）[②]，

① 伊卡利亚岛，希腊在爱琴海中的岛屿，岛名来自希腊神话中的人物伊卡洛斯（Icarus）的名字。——译者注

② 太阳城，意大利早期空想共产主义者康帕内拉在其著作《太阳城》中所描绘的理想国家。——译者注

都是处于发展停滞的状态。它的发展已经停止了，它的完美就是死亡。最先进的社会状态是最不稳定的。在这种情况下个人是最重要的，因为个人的成长是他所组成的机构存在的唯一理由。最发达的生物体会显示出最大的不完美。由于环境本身的快速变化，哪怕已最好地适应了环境也需要再度适应。当斗争和变革结束，所有的人都安全幸福的时候，那种静态的千年梦想在我们对人类和世界的认识中找不到任何依据。只有当自我毁灭成为可能，生命中的自我实现才有可能。当通过武力把残暴和仇恨排除掉时，慈善和乐于助人将会随之而去。力量和美德的根源在于人的内部，而不是外部。制度和法令可能会约束力量和美德，而不会极大地促进力量和美德。

梭罗告诉我们："像雪堆在风暴减弱的时候才会升高一样，当思想停滞下来时，一种习惯就会出现。不久，这一思想失去了它的价值并消失得无影无踪。"这个清除习俗的思想来自个人的成长。随着个人知识的增长，知识转化为行动。当适应环境后，他无知的行动就被清除了。通过这种方式，他有时会感到无助，就像已经蜕壳的龙虾一样。但他已经形成了新的外壳，而且之后他同样还要进行蜕壳，而新的外壳永远更坚固和更宽敞。

在制定法令时，人们隐隐约约地发现在他们努力的背后和之上有一种力量——人的本性的力量。因此，随着自治实验的继续，慢慢地人民的统治就会从愚蠢变为智慧，从变化无常变为讲究原则，从自私变为正义，从根据法令变为根据上帝的法律。这是文明发展的表现。这是根据民意进行管理的本质。这是普选制存在的合理性。普选制是文明进步的表现，它不断向下延伸，从一个等级到另一个等级，从一个社会集团到另一个社会集团——或者相反，从个人到个人。因而"自由慢慢地扩大了，从一个先例到另一个先例”。每一代人都享有像他们的性格和教育所允许的那样的自由。每个人都有拥有力量和智慧的权利。

任何法令上的错误总会沿着同一个方向走得更远。以理智推理为基础的法令所造成的伤害与缺乏理性的情感所造成的伤害相比不算什么。拒绝理性的人肯定总是错误的。情感不是美德——两者并非总是相关。一位法国作家说：“美德比恶习更危险，因为它的过度使用不受良知的约束。”最危险的道德观念是那些没有理性观点的人所持有的观念。

所有的善良，所有的特殊的乐于助人，在某种意义上都是牺牲，尽管这种牺牲可能会以其他方式得到补偿。人若想要在社会中生存，他必须善良；也就是说，他必须善解人意——“彼此相互尊重”。但是政府无法拥有人类的美德。政府无法是善良的，它仅仅可以是公正的，因为政府不能牺牲任何东西。如果它试图在一种情况下对他人的财产和利益保持仁慈，那么在其他情况下就会产生不公正的结果。正义全力要求一部分人的利益不能被另一部分人的利益牺牲。强制牺牲他人的利益是不道德的行为，也是不公正的行为。善良必须抛弃私利。牺牲必须是自我牺牲。通过法律强制实施的善良是腐败的和不公正的。

社会似乎是为了它自己而存在的，但是并非如此。社会是为了个人而存在的。但是，每当社会处于危险之中，或在与其敌人斗争时，社会必须以其自身的形式出现。为了拯救自己，我们必须拯救我们的国家。

人类社会和政府的一切变革必须由人类智慧决定，行动必须是正确的和明智的。因此，禁酒运动和民粹主义运动作为政治尝试的失败，是因为它们是建立在情感基础上，而不是建立在科学评估应该做什么和能做什么的法律基础上的。良好的意愿无法挽救不明智的行为所导致的失败。一个具有最美好愿望的人并不总是一个不守规矩的团队的好领导。

人的成长意味着控制人或帮助人的机制的衰退。当他有自制力时，他不需要管理。如果他持续地需要特殊的帮助，他还不是一个独立的人，而是一个懦弱的或堕落的人。因为有人有特殊的需要，在特定的时期给予帮助，这是利他主义的一部分职责。目前所有的孩子都是软弱的。他们应该进行训练——如果明智的话，永远不要给予过多的训练。但当一个人成熟时，他必须学会给予与索取的平衡——给予他的力量，获得他的行动的结果。斯宾塞（Spencer）说："要把人们从他们愚蠢的后果中解救出来，就是让世界充满傻瓜。"

在人类发展中，我们所说的好或对，仅仅是指更多的生命或更高的生命的机会。这对于使我变得坚强和给我的邻居带来力量很有益处。强权并不能产生真理；但只要是对的就要坚持不懈地为自己辩护；因此坚持就是力量。脆弱就会死亡。我们只有通过上帝的允许才能知道上帝的旨意。事情要持续下去和不断发展，必须与这些旨意相一致。规律只是观察到的对事实的概括。没有规律可以这样理解："这个和这个应当是这样，但事实上却并不是这样。"

上帝的法则，不同于那些自称是上帝的仆人的法官以上帝的名义制定的法令。上帝的法则具有永恒的约束力。教会的教令仅适用于自己的小礼拜堂。国家的法令只有在其军队能够保证它们实行时才有效力。

有一个关于生活准则的寓言，描述的是一个人乘着轻舟在曲折的、两岸被岩石包围的河道内从下落的水流冲向未知的海洋。他由于处境的需要而保持着清醒。当小船与岩石发生碰撞时，他必须激励自己。如果这种碰撞没有带来疼痛，他就不会关心它。如果这种碰撞没有造成损害，他就不需要留心它。如果他没有能力采取行动，即使注意到它也无济于事。但是因为有了行动的感觉、意志和动机，虽然自由行动的范围可能会很小，但他的安全在某种程度上掌握在自己手中。到目前为止，他还活着的事实证明他已经获得安全。他可能会选择自己的前进道路——这不是一件容易的事，除非他非常仔细地观察岩石和海浪的情况，并且能够很好地驾驭小船。他可能会沿着别人尝试过的在某种程度上是安全的路线行进。他可以按照自己的意愿行事，他的动机是前人认为安全的行动指南。但在新的条件下，惯例、动机和愿望都将无法满足需要。他必须了解自己以使知道他在做什么。为了有效地完成任何事，他必须知道他在做什么。盲目的行动比没有行动更危险。他必须与别人保持友好的关系，比起其他理由，相互帮助会带来更大的安全，没有人能独善其身。智慧就是知道下一步该做什么。德行就是实践它。意志是人采取持续的行动。智慧是行动的向导。如果人的生命就像所描绘的这样，是被无情的命运女神所束缚的生命，那么“意志”就是命运女神之一，一定会代替其他的命运女神。只有具有坚强意志的人才能成为世界的重要一员。

16

节省时间[1]

① 1891年，在印第安纳大学毕业典礼上的演讲。

“劳动之神赐予我们一切美好的事物。”这是古希腊人的名言。早在伊壁鸠鲁（Epicharnus）第一次用语言把它表达出来以前，古希腊人就已经把它作为一种经验来学习。每一代人反复地通过自己的实验，又得出相同的结论。这一思想以上千种形式，通过各种语言，渗入人类的智慧。在诸神中也存在着这一思想，他们从来不承认任何有价值的东西有其他的价格。在与人交易的过程中，他们不接受其他铸币。他们不知道其他衡量价值的方法。他们有时会提供临时贷款，当还款的日子到来时，他们一定会收取他们应得的利息。他们从不改变也绝不会忘记他们的估价。

“通过他们长久的记忆，众神为人们所熟知。”这条谚语与其他谚语一样，起源于一种普遍的经验。它取自古典诗歌的形式并融入今天的语言，朴素地表明了规律的普遍性。当他们用这些话来谈论众神时，希腊人用另一种方式将我们人格化为“自然的力量”。这些是我们周围的力量，它们不断地以永不改变的方式起作用。这就是宇宙的现实。宇宙中其他的一切都是无生命的物质(inert matter)。人类的知识在于对这些方式和力量的认识。我们学会通过与它们接触来认识它们。人类的力量依赖于与这些知识相一致的行动。这一行动蕴藏着人类的潜能。了解这一真相的人会相信一切并无所畏惧。在大自然的规律中没有背叛。遵循自然规律的人具有无限的力量，而违背自然规律的人则软弱无力。

这些大自然的规律是真实的、普遍的，从来没有一个人或一个国家违反它们后还可以做成任何事情。现在人们可以欣然承认，存在着这些最简单的规律，像万有引力定律一样，它们是可以精确测定的。从悬崖上跳下去的人落地时可以预料会受到伤害。落体定律显而易见，因此它的结果不容怀疑。但是有机生命的规律比这些规律更为复杂。那些我们只有一知半解的规律，我们希望以某种方式去彻底理解它们。所有的规律中最复杂的是那些伦理学和经济学的规律。因为这些规律不太容易理解，而且不容易弄清因果关系，普通人认为自己非常精明，可以违反它们并避免受到惩罚。

想要不劳而获注定是要失败的，想要获得幸福就必须有所付出，这是人们容易忽视的人生法则之一。

现代生物学的真理之一，即有机生命的进步是通过自发活动（self-activity）来实现的。归根结底，有机体之间在能力或结构专门化方面的大多数形式的进步都是为了节省时间。时间必须以努力来衡量，而进步的本质是，没有人可以不努力或不改变而虚度光阴。

在各种动物的胚胎阶段，有一段时间无论高等动物还是低等动物都是相似的；至少在这一点上，我们无法用任何检测方法来显示其不同。趋异的一个因素来自不同的发育速度。在一个有机体中时间得到了节省，而在另一个有机体中时间浪费掉了。随着生长的继续，我们称之为低等动物的胚胎慢慢地经历生命的各个阶段，它们的生长在达到任何高度的专门化之前就已经完全结束了。高等动物的胚胎经历同样的生长过程，但是生长得更加迅速，并在某种程度上与其未来的潜能相一致。胚胎在非本质方面的生长上所用的时间减少了，我们可以说，通过节省时间和减轻力量，它能够被推动到更高的发展水平。

鱼的鳃通过与溶解在水中的空气相接触而起到净化血液的作用，它的作用是维持鱼的一生。在大多数鱼类中没有迹象显示还有任何其他的呼吸模式是有效的。青蛙是一种比鱼高级的动物，它用类似的器官维持着生命，但随着进一步发育，最后鳃的遗传结构让位于确保血液与空气接触的器官。鸟类、哺乳动物和人类同样继承了鳃的结构，就像青蛙和鱼一样。因为根据遗传规律，没有一种生物能完全摆脱它的过去。它的祖先曾在水中呼吸这一事实永远不会被完全遗忘。鸟类或哺乳动物，与青蛙或鱼类一样，有着同样的生长阶段，但早在鸟孵出或哺乳动物出生之前，鳃的结构就已经消失了，或者已经发生了彻底的改变。新生动物的真正生活是在一个远远超过青蛙或鱼类的最高成就的阶段开始的。加速度法则使胚胎快速通过这些暂时的阶段，在这一加速的事实中产生了进步的可能性。

不管是对动物还是对植物来说，时间的浪费都会导致衰退和退化。延迟发育就是发育不完全。凡是缩小个体活动范围的东西，凡是易于形成生命期限（make of life）的东西——不管是动物还是人类——几乎就是吃饭和睡觉问题以及物种的延续问题，都将导致退化和效率的丧失。统治世界的生物是经历过斗争和风暴的。被庇护的生物会导致其在失去庇护之后无法生存。自发活动的丧失使其沦为寄生虫或乞丐，无论是动物、植物还是人类，都是如此。这是在所有时代和所有有机体中都起作用的普遍法则，这些法则通过了众神长久的记忆，那些无法把时间转化为生长的生物将会消失。

现在，让我们抛开较低等级的生物，考虑一下这些自发活动规律与我们的生活和邻居的生活的关系。有人明智地说过：“一个国家就是一个由能够照顾自己的男人和女人组成的集合体（assemblage）。”任何加强个人这一聚合能力的影响都会使国家变得强大；相反，每个男人或女人如果不会或不能照顾自己，都会给其他人带来额外的负担。这种自立的能力与个人时间的节省相关。富兰克林计算过，如果每个男人和女人每天把三到四个小时用在有用的职业上，那么贫穷就会消失，而且我们一生中的所有下午都可以用于身体、精神或心灵上的改善。然而我们无法彻底拥有下午的时间，因为我们正在偿还邻居的债务。邻居占用了我们的时间。我们正在做着比我们应该分担的份额更多的苦差事，这些苦差事阻碍了我们的发展，因为在同一社会的其他人为了自己的发展做得太少了。

社会有机体的目标是为了个体生活的完满。如果社会的形态没有给个人带来更广阔的生活，那么它们就毫无用处。任何对个人不好的东西，也无法对人类有益。

我们每天都听到关于劳工的错误、穷人得不到公正对待以及好事总是降临在富人身上这样的事。我们听说过工业犯罪，结果是富人越富，穷人越穷。我们每天都能看到穷人的朋友的广告，这些广告费由穷人支付，而且所有这些广告似乎都在讲述同样的故事。穷人的朋友想要管理穷人的钱，但是他的主要缺憾是事实上他从来没有表现出任何管理自己钱财的能力。

我们很清楚，劳工的这些错误不是凭空想象出来的。经常发生的情况是，那些有能力的人可能会把那些没有能力的人拒之门外。我们还知道，在人类的法律下，那些被世人称为幸运的人往往拥有狐狸和狼那样的运气，对他们正在吞食的猎物没有表现出任何道义上的要求。

有许多我们称为赚钱的事情并不是财富的增加。它是货币转移，而不是货币升值。通过把靠别人的大脑或双手赚取的钱变成某些人口袋中的钱。总有一天这种“赚钱”的方式，无论是以“掠夺性富有”还是以“掠夺性贫穷”进行，都将无法实现。由于敲诈勒索和公路抢劫的出现，相关的禁令将会颁布。当敲诈勒索和公路抢劫受到舆论谴责时，法律也会谴责它，因为我们的法令是正式表达这种观点的最合适的努力。工业战争不是竞争，它是设备的竞争，目的是扼杀竞争。当然，竞争是一种对立行为，但它是在公平竞赛条件下的对立行为。它的功能是保证最好的服务——把合适的人放在合适的位置上。一个人如果毁灭另一个人，这不是竞争，而是战争。在一个国家内废除私人的战争是人类文明进程中最重要的步骤之一。废除工业关系中的私人战争将是另一个几乎一样重要的步骤。但是这些做法必须伴随着人类智慧的成长，通过人类智慧的成长，毁灭性的和不诚实的做法可能会受到谴责。这是无法通过武力来实现的，也是无法通过任何形式的专断的立法来实现的。所有的法令必须同等适用。因为人民从男爵那里剥夺了任何形式的——封建的或工业的——私人战争的权利，就必然保证不会对他们发动私人战争。

尽管我们的社会秩序存在着种种不公，但许多人在社会秩序中的地位是由他们自己的性格和所受的教育决定的。在今天的美国，大多数人发现被授予的职位是唯一可能的职位。除了意外和不幸，没有多少人生来注定贫穷。就像沃纳（Warner）博士所说明的那样，在荒岛上独自一人的鲁滨逊·克鲁索（Robinson Crusoe），如果他已经找到了痛苦的根源，那我们所知道的大多数痛苦可能都出现了。懦弱和贫穷并不完全是由社会条件所造成的。即使没有任何社会制度，愚蠢、恶习或犯罪总是会带来懦弱、痛苦和贫穷。一般来说，痛苦是大自然对个人堕落的抗议。没有人需要别人来帮助贬低自己。

在物质财富方面贫穷并不意味着在所有的方面都贫困。这样的贫穷本质上可能并不是什么坏事。财富是昂贵的东西。许多人贫穷是因为他明智地拒绝了为财富付出代价。他把时间和精力投入能给他的精神或心智带来收获的领域而不是财富上。这些人对这样的投入很满意，没有一个人认为自己做错了。他得到了他为之付出的东西，除此之外别无所求；而且我们知道他是我们的邻居，我们从来不认为他是贫穷的人。他只不过希望财富能成为确保“更完美贫困”（more perfect poverty）[①]的手段罢了。

“劳动之神赐予我们一切美好的事物”，但并不是全部赐予同一个人。每个人都必须为自己做出选择，每个已经获得了选择权的人对自己的选择感到满意是一种幸福的状态。从事物的本质来看，那些没有获得这一权利的人一定会不满。浪费了时间的人一定是最后做选择的人。尽管他做了选择，但东西已所剩无几。由于人生的闲暇时光都是提前度过的，所以借来的时间的利息必须在最苛刻的债权人的重压之下来偿还。

我们今天面临的一个大问题是：如何能让那些失去了自立能力的人得到恢复？那些弄潮儿，是如何向随着文明的进步在不断加深的水域中无力挣扎的人伸出援手的？强者能为弱者做什么呢？

人们常说，“富人必须知道穷人是怎么生活的”，因为团结在一起是人类安全的保障。但是比这句话更贴切的是另外一种说法，即“穷人必须学习了解富人是如何工作的”。的确，我们中间有一些富人从来不干活，有些人游手好闲靠公共开支过着优裕的生活，这是对好运的奖赏，或者是对以前辛苦工作的奖赏，或者是对祖先成功的权谋的奖赏。这些富有的乞丐在美国毕竟不多，在我们每一座大城市里大概不会超过四百人。这个数字没有增加，因为他们拥有的继承权越来越弱。他们只不过是人类发展浪潮中的泡沫，承载起他们的负担并不是美国公民必须承受的最

① 意指一个人在物质财富方面虽然贫穷，但在精神财富方面却非常富有。——译者注

沉重的负担之一。在我们国家他们的生活是不合潮流的，他们自己也很快意识到了这一点。他们生活的地点和时间还处在封建时期的欧洲，而不是现在的美国。

在旧时代，穷人劳动，富人休闲；穷人纳税支持贫穷的绅士。的确，“富人变得越来越富，穷人变得越来越穷”。穷人的劳动效率越来越低，因为劳动消耗了他的力量，他无法支配自己的力量。没有自我认同的工作不是成长，而是奴役。同样地，富人逐渐陷入了堕落，因为他的存在是无目的的，他意识到不需要自立。安逸之人，不论是富人还是穷人，于国家而言，就像空气中的碳酸一样——它既不支持燃烧也不支持呼吸。他的存在是有毒的，虽然他自己可能既不会产生害处也不会产生好处。

然而，有一些富人，他们有权利成为富人。他们已经付出了代价，他们有资格享受他们的特价品。他拯救了一千个辛苦工作的人，他就有权利分享他们部分的收入。我们可以肯定，这一份额迟早会将不多于也不少于公平获得的收入。大自然的力量不受任何专利的限制。没有人能拥有永久的垄断地位；而且，一个人的知识迟早会成为所有人的财富。

资本的力量不在于它自身的力量，而在于头脑的力量；头脑迟早要占有资本，不受头脑支配的劳动，一定永远处于一种被奴隶的状态之中。单靠金钱是没有力量的。“傻瓜和他的钱很快就会分开。”资本只是一种工具。只有当它在行动中代表一个单一的意志时，它才是有效的。一个人的决心比成千上万微弱的或不一致的愿望具有更大的力量。

财富是“劳动应用于自然力量”的结果，这种说法是不对的。财富的获得是明智的指导或巧妙的操作的结果。从长远来看，大部分劳工雇主是被雇员们吃穷的，这些雇员与劳动的结果没有利害关系，因此失败了也不会有什么损失。

童话故事[1]里的小男孩说：

“我的脚啊，它们拖着我围着房子走动；

它们使我上升到楼梯上；

我只需要控制它们，然后

它们就会把我带到任何地方。”

普通人对资本的看法是一样的。他低估了工作指导的重要性，没有指导劳动就不会产生财富，没有指导资本就是无效的。如果他明白了明智的工作指导的价值，他将不再是一个普通人。

对我国工业的主要威胁并非来自富人的力量，而是来自穷人的弱点。穷人常常过着他们从未挣得的悠闲生活。他们在生活中所付出的代价就是贫穷。如果部分钱财用于购买威士忌和烟草，那么，剩下的钱一定是用于购买又破又旧的衣服。即使是拿最低的工资，如果使用得当，也可以购买一套满意的住宅。但是，没有节俭和节制，工资和分配的利润不可能把一个人从贫困中拯救出来；一个人的浪费损害的不仅仅是他自己，还有他所有的邻居，他的邻居和他一起加入了灾难性的工业联盟。

我们被告知“贫穷是无情的地狱”，但在文明社会中，这句话已成乏味之语，事实也是如此；对违反其他任何伦理学和经济学规律所受到的惩罚也可以进行类似的比较。“通过他们长久的记忆，我们认识了神。”我们生活在众神的法则之下，却永远对他们的惩罚无动于衷。但我们可以对这个隐喻做一些改变。难道这种哈欠连天、“冷酷无情的地狱”，在某种程度上，不正是由于在我们之间存在着一群哈欠连连、冷酷无情、不劳而获的人？无

① 出自旧金山的《云雀》（*The Lark*）。——原文注

论什么形式的工业都能感受到这种影响，它一定会随着工业的萧条而出现。

贫穷的根本原因是不能使手段适应目的。田纳西山区的一位妇女曾经用这样的话解释“贫穷白人”的状况：“贫穷的人有着许多恶习。”他们的恶习正是他们经济贫穷的原因。她又这样写道：“毁灭穷人的是他们的贫穷。”如果没有能力带来良好的结果，穷人就会不断地成为环境的牺牲品。他们的生活状况导致了活力的减少、道德的降低和自尊的丧失。正如赫胥黎告诉我们的，有效的生活需要“思想和行动的绝对正确”。无论我们的社会或工业条件怎样，那些缺乏这种能力的人将永远都是穷人，除非他们不再成为他人意志的奴隶，或者他们的懦弱不再成为集体努力的负担。无疑，即使每个美国人都很勤奋地全力以赴，穷人仍然会“与我们同在”。社会上总是有不切实际的和不胜任的人，他们付出了足够的努力，但却对他人可能重视的事情无能为力。社会上仍然会有病人和残疾人，弱者和不幸的人。但如果这些人是我们唯一的穷人，那么所有的人都会是他们的邻居。统计数据表明，在我们大城市中十个处于困境的人，有六个人是由于放纵、懒惰或恶习，三个人是因为年老和虚弱——有着不节俭或缺乏远见的青年时代，还有一个人是由于疾病、意外或失业。不幸的穷人只是大量贫困人口中的一小部分。如果没有伪装者，那么所有前往耶利哥（Jericho）[①]的人都应该是乐善好施的人（Good Samaritans）。为什么不呢？慈善的动机是人类的共同本能，但是，我们现在的牧师和利未人（Levite）[②]却被多次强加这样的观

① 耶利哥，《圣经》中提到的城名，位于西亚死海以北。——译者注

② 利未人，以色列人的祖先雅各之子利未的后裔，协助管理圣所。——译者注

念，即所有的不幸都要用怀疑的眼光来审视。为了油、酒和金钱，有些人披上了不幸的外衣，对于这样的人我们“不予同情”，因为在这个时代我们已经了解到，即使是一般的施舍也可能成为一种犯罪。我们看见过那个“倒在路边”的人在他的孩子的眼里注入矾油，从而让他们的痛苦可以更强烈地吸引我们。我们已经认识到给饥饿的儿童提供食物可能会促使他们陷入悲惨和犯罪的生活。不劳而获会破坏自发活动的潜力，而不需努力得到的金钱是一种不义之财。从前，有一个盲人，有人给他钱，他说：“千万不要给盲人钱，因为他需要所有的力量来帮助自己与能看见的人竞争。”不合时宜的帮助破坏了生活的合理性。如果生活的法则被改变了，那么这个傻瓜和他的钱就不那么容易分开了，那么钱会比现在更愚蠢地浪费掉。

直接给人金钱就像把鸦片当礼物一样危险，其结果没什么不同。只有非常强大的人才能安全地接受它。只有非常诚挚的人才能连着利息一起偿还众神的贷款。不劳而获的报酬削弱了人们未来努力的意志力。得到过意外之财的人会永远期待天上掉馅饼。对于诚挚的人来说好运只有一次，这就是机会。机会迟早会来到能够利用它的人身边。不该接受的帮助滋长了懒惰的细菌。甚至大自然对于完美的正义也是过于慷慨，她赐给流浪者的东西足以长期维持他们的流浪生活。

新英格兰人的力量就在于此——在布满岩石的山丘上只有勤劳的人才能谋生，而随着岁月的流逝，勤劳的习惯已深深扎根在新英格兰人的性格中。如今所到之处都可以看到新英格兰人的这种力量带来的影响。伟大的西部是利用新英格兰人的储蓄建立起来的。去艾奥瓦州的大草原看看，地球给了人类只需最少努力就能获得最优质的物产的自然条件。你将会一次又一次发现，这些肥沃的农场承担着马萨诸塞州山丘上一些农民的抵押贷款。贫瘠的山地，由一个奉献了他的时间和劳动的人耕种，其收益也足以换取肥沃的土地。艾奥瓦州的农民要想在竞争中与马萨诸塞州的农民相匹敌，就必须同样勤奋地劳动。

不久前，我坐火车穿越印第安纳州。从火车上看，到处都是一样的。那是四月里一个晴朗的日子，太阳照耀着潮湿的大地，我们几乎可以听到青草生长的声音。这样的日子有许多，每个农场的孩子都会记得——这些给他带来欢乐的日子。但对于节俭的农民来说，这些日子也给他们带来了耕地、种植和播种的职责。春天的希望蕴含在所有这些工作中，没有人认为它是苦差事。这些日子对于一个接着一个要完成的工作来说太短了，只有当谷物播种下去，大自然的力量把种子唤醒的时候，休息的权利才会到来。作物在充满勃勃生机的春天里生长一小时相当于在炎热夏天里生长一个星期。事实上，如果没有意识到这一点，那他一定是一个贫穷的农民。

我想到了农民获得自由的日子。他不需要通过中间人与大自然进行交易。没有什么比与“大自然母亲”交易更有先见和智慧了。她的诚实是永恒的，她永远都会设法满足向她提出的一切合理要求。对于委托给她的东西，她会五十倍、一百倍地回报，而她也从来不会给予值得百倍回报的人以五十倍的回报。

就在那时，火车在一个车站——一个叫克洛弗代尔（Cloverdale）的村子停了一会儿，这个村名暗示着花香四溢和农业繁荣。一个兜售食品杂货和烟草的推销员下车了，一篓活鸡被放上了车，然后火车又开动了。在那个村子里，火车停靠并不是罕见的事情，这种情况每天会发生两三次。人们不欢迎推销员，也不会在活鸡被运走时感到难过。然而当火车进站的时候，我数了数有四十个男人和男孩在车站的台阶上。农场的男孩们，他们本该在田里干活；村里的男孩们，他们本该在某个地方做着事——经济学和美学的每一种兴趣都在召唤他们离开火车站到农场去。

两类人参与了车站的商业活动。孤独的推销员走自己的路。其余的人都在那里，因为他们没有精神力量去别的地方。他们站在车站的台阶上，对所有的生命和希望却没有反应，仅有的力量就是懒散地消磨时间和“目瞪口呆地看着”。

我在目的地下了车，然后往旅馆走去。我路过街角的时候看到了一个治疗风湿病的大声吆喝的摊贩。六十个不需要任何治疗的男人和男孩——因为他们已经毫无生气——站在小贩周围，张大嘴巴，脑袋停滞，正在消磨时间。我很遗憾地看到其中有许多人是农民。在这段时间里，他们忽视了沐浴在阳光下的农场，忽视了一触碰到锄头就欢欣鼓舞的土地。

不久前我偶然路过一个村庄广场。我看到广场上有许多忙碌的人，那些有权利在那里的人，因为他们在忙于自己的工作。当每个人能够和愿意照顾自己时，他就可以参与照顾世人这个伟大的工作。在广场的拐角处有一个徘徊的流浪者，他带着一个破裂的手风琴，奏出哀怨的乐曲。人们站在他的周围，像苍蝇围着一滴糖浆。一小时后我回去了，手风琴演奏者及围观者还在那里，仿佛被锁链锁在了那个地方。习惯性懒惰的套圈套在他们的脚上，令他们无法逃脱。他们将永远无法逃脱。他们身上贴着厄运的标签。他们将永远停留在那里。

近来，农民和工人有很多上一代人所不知道的不满。报纸和政治演说家告诉我们这些错误。为了纠正这些错误，大型工会和联盟不时建立起来。我回到出生的纽约西部的旧农场——这块农场是我父亲从林区获得的，他在那里自由而独立地生活，他不知道农场的主人，不用担心被压迫。我发现今天农场里的佃户只能勉强维持生计。我仔细查看了农场，我看到了未经修剪的果树、浪费的林木、被雨打日晒而锈迹斑斑的农具、摇摇欲坠的大门、损坏的马车，以及浪费时间和不勤劳的证据。当一个人看到这些情况时，他一定会问农民所受的压迫有多少是时代的错误所造成的，又有多少是人的错误所造成的。

在某种程度上这可能是他能力差，而不是他的邻居的侵害使他陷入了贫困。事实上，这两个方面的情况都有，但是一种情况可能是另一种情况的原因。只有天生的奴隶才会被奴役。如果一个农民在收获时节花一天时间努力把一个傻瓜送到立法机关，或者把一个无赖送到国会，并且如果这些傻瓜和无赖制定的法律会增加他自己的税收，那么他还会抱怨吗？如果他整天站在广场上被一个演奏着手风琴的流浪者所迷住；或者，更糟的是，如果他懒散地坐在酒馆锯末地板上，谈论着我们称之为政治的东西，却从来不读一本书，从来没有一个超越锯末地板水平以上的想法，那么如果他的意见得不到尊重，他有必要会感到惊讶吗？

我很清楚地记得那个农民十分忙碌的时代。在今天的许多农场上农民依然十分忙碌。不需要细心的观察者就能认出这些农场，你可以告诉他们你所看到的一切。农场的所有者与大自然的力量结盟。众神站在他们一边，他们只是向政客提出要求希望政客远离他们的幸福之源。他们售卖黄油赚钱；燕麦处理得很干净；他们的马匹受顾客欢迎：他们所接触的一切都是真实而繁荣的。牛在黎明时分哞哞叫着要农民喂食；苜蓿草在早晨需要农民施肥；苹果和马铃薯在下午需要农民除草；农民在晚上必须加工玉米。成功的农民是个忙碌的人。因为十分忙碌，他为做任何事情找时间。他阅读“精装书”；他享受旅行的乐趣；他教育他的家人；他理智地关注着日常事务。他找不到时间在下午时分站在车站台阶上连续一千天看着一千辆火车驶过。他没有烟草和威士忌的不利负担。当他在县城有业务的时候他就去那里。他穿着干净的衣服前去，带着清白的良心回来。他没有时间把每个星期天都用在法院广场上与一些人谈论政治和丑闻的糟粕，那些人最强烈的公民观念可以用两美元的钞票来抵消；他也没有时间浪费在售卖“万能药”的小贩或演奏手风琴的流浪者身上。

我听到农民们对高税收的抱怨——这是最正当的抱怨，但是对铁制品所征收的税，并不比他把割草机不加防护地留在暴风雨中所要缴纳的税更多。土地税很高，但是让他的牧场长满杂草和蓟草的人要缴纳的税更高。修建好路缴纳的税很高，但是每个星期走在有马的膝盖深的泥地里去城镇的农民所付出的代价更高。个人财产税很高，但是把星期六用于在乡村街道上游荡，或在一些酒吧、赌场里玩碰运气游戏的人所耗费的时间代价更高。

割草机、打谷机、收割机以及各种节省劳力的利他主义时代（altruistic age）的各种发明，如果得不到正确的使用，将毫无用处；如果利用它们节省的时间没有被用来促进生产，它们就是负担而不是帮助；如果节省的时间造成了懒惰或浪费，那么节省劳力的机器就成了最昂贵的奢侈品。

我知道在印第安纳州南部有一百名农民，他们常常由于到县城进行不必要的参观而浪费了六分之一的时间，而且参观时间还在不必要地变长。农民的时间就是他的资本，利用好时间就能创收。他的六分之一时间意味着他的六分之一收入，否则他的所有时间都不值得节约。正是这六分之一时间体现了贫穷与富裕的区别。如果这个被浪费的六分之一时间被印第安纳州的每个农民节约下来，那么印第安纳州将成为工业的天堂。居住在印第安纳州本身就是一种教育。来自地球每个角落的人将会来考察这片已经解决了劳动问题的土地。

但是他们自己的估值可能只是其中之一。也许有些农民的时间没有经济价值。在每个社区和生活的每个领域都有其他类似的人。笨蛋、疯子、颓废者、半吊子、罪犯，大量的医院是为这些人而存在的，因为他们可以以更低的成本在公共住房方面得到廉价的资助。我们要把这个疲惫的农民加到这个名单上吗？为什么不为所有的、时间对他们毫无价值的人建立一所大型的州立医院呢？—— 一个四四方方的大院子，地上铺满了锯屑，还有舒适的放干货的棚屋，他们可以在那里坐上一整天甚至一整年谈论政治，或者一边听着手风琴音乐一边“玩着佩德罗牌戏”（playing pedro），或者看着火车经过。然后世界上的其他人会继续从事世人的工作，毫无疑问，这会增加一些税收，但是相应的好处是街道变得畅通，酒吧关闭了，蛊惑民心的政客沉默了，牧场不再被杂草和蓟草侵占了。

严寒天气是刺激人类活动的一个重要的经济因素。有些地方从来没有出现过严寒天气。在这些地方几乎每个人的时间，不是六分之一，而是百分之百，都致力于参与自身之外的事务。这是大自然治疗无可救药的懒惰者的伟大医院。热带地区的箴言可以用一个词来概括：“明天”（Mañana）。让我们明天做吧；今天我们必须吃饭和睡觉。“明日复明日”，对于每一个建议，哪怕是最轻微的努力，人们都会一遍又一遍地听到。今天天气太暖和了，阳光太刺眼；阴凉处太舒适了，所以“明天”再做吧。这是一片一事无成的土地。“为什么我们应该在休息的时候做事情，而不去做更愉快的事情呢？”

我不是说“明天”这个词就是对美国农民的特别批评。作为一个阶层，农民是我们之中最明智的人、最不受荒唐事影响的人、最相信自然界因果关系的人，这在很大程度上是正确的。农民们还没有最终意识到必须通过压制他人来保证他们的发展。在寻找财富的过程中，他们还没有从自然转向立法。农民直接与土地打交道。是土地，而不是社会，给他提供了生计。在所有的职业中，农民的职业与人的习俗关系最小。他鄙视这些习俗，他讨厌“这个狭小的城镇及其所有的时尚”，这是他的一些不幸的来源。因为城镇更接近立法的中心，它会毫不迟疑地为了自己的目的把负担加在别人身上。但是，如果农民是不平等税收或者是不公正歧视的受害者，毫无疑问，使事情变得正确是他的责任和权利。即使有时他的行动很盲目——为“行为莽撞”辩护——就像当他给糟糕的道路、粗鄙的男人、贬值的货币或损坏的公立学校投赞成票时一样，但这并不是沮丧的来源。城市里的男人甚至做得比这些更糟糕。当农民更深入地审视这个问题时，他将会了解更多。但是不管废除糟糕的立法可能会产生什么结果，基本的必需品仍然是不变的。

“耕地的人会生活富裕，他必须要么坚持要么离开。”

无论是谁，要在任何生活领域取得成功都必须节省时间和用头脑思考。他不能花费他尚未获取的时间或金钱。他一定不能以不利的方式去做别人以更好的方式所做的事情。坏人变好总是痛苦的——这一过程往往是令人难受的，但它必须如此。纠正的办法就是使人变得更好，从而使他们不需要再做改变。

几个世纪以来，普通人的地位一直在不断提高，这要求普通人必须提高自己。用亨利·梅因（Henry Mayne）的话来说，这是“从身份到契约的转变”，这是现代社会进步的基本事实。但这种地位的提高既有欢乐也有悲伤，人们不能只享受文明的权力和优待而不分担责任。

在文明的进程中，每种形式的劳动都必须争取成为一种职业。大脑必须控制双手。文明的进步意味着大脑的主导地位。这意味着对不熟练的工作的限制。既不知道也不想知道如何耕种的人，是无法继续做农民的。无论人类的法律做了什么规定，诸神的法则都不会让他长久地拥有土地。如果他不了解自己的事情，他就必须放弃土地，而土地将被那些懂得耕种的人所占有。用一位我认识的成功农民的话来说，“别管别人的事情，专心于你自己的事，你就能致富”。即使不是最充分的衡量，它仍将是你所付出的一切，因此也是你应得的一切。

我希望能教一节课，对所有的人都普遍适用的课—— 一堂关于节省时间的课。

对于你们学生，我可以说：你们生活的道路位于“明日之地”（the Land of Mañana）的边界。你们很容易进入“明日之地”，在棕榈树和香蕉树之间迷失了自我。到目前为止，在生活中你们仍然处在正确的道路上，你们今天出现在这里证明了这一点。如果不是这样，你们可能明天才会在这里。你们将等待你们的教育，那永远不会到来的一天。

不同的人有不同的能力，充分发挥这些能力，就能在生活中取得成功。但是能力仅仅是相对的，它取决于时间因素。只要有足够的时间，我们中的任何一个人都可以做任何事。有了这个重要的倍增器，其他因素的作用就很小了。任何一个人，只要有足够的时间，都可以成为“全人”（all man）。有了足够的时间，一切皆有可能。如果有了永恒，人类就会变得像众神。但是对人而言，时间不是永恒的，我们最多只能做一点点事情。冷酷的幽默作家提醒我们：“我们终将有一死。”所以，我们浪费的每一小时都带走了一小时的生命，就像落下的水流冲走了岩石一样。失去的每一天都从我们的身躯中拿走了一天时长的生命。

因此，让我们在白天的时候工作，当夜幕降临时，我们可以在棕榈树下休息。积极主动的人赢得了睡眠的权利，当我们完成了指定的工作时，“剩下的就是一段时间的沉默”。耗尽了我们生命力量的那片辛苦忙碌的土地将从我们手中被夺去。它将“像一幅画卷一样被卷起来”，让位于那种没有边界的永恒，而这种永恒的荣耀超越了我们一切理解的能力。

17

新大学[1]

① 1891年10月1日，在斯坦福大学开放日的校长致辞。

今天，作为教师和学生，我们第一次走到了一起，通过这种关系，斯坦福大学的生活开始了。年轻的男女大学生与学者和研究者的人际交流构成了大学的生活。对作为教师和学生的我们而言，在大学的第一年要奠定一所学校可能会和人类文明一样长久持续下去的基础。我们的大学是大学中最年轻的，但它是所有时代智慧的继承者，通过这种继承这所大学有了快速而坚实成长的希望。

我们的大学没有历史可以追溯；没有伟大的教师肖像挂满大学的走廊供大家回忆；没有伟人在这里生活或工作过的踪迹；也没有依附大学的年轻协会，类似常春藤的藤蔓植物，紧紧粘在大学崭新的墙上。大学把没有传统视作神圣。没有任何人妨碍大学的发展。它的指路牌仍然指向前方。传统和协会是我们要去创造的。通过我们的工作，大学的未来将会不断发展，如同美丽的百合花来自朴素的鳞茎。

在未来，大学所具有的荣耀和责任将被其他人所拥有，而正是我们从一开始使大学具有了它的形态、它的倾向、它的惯例。先例的力量会导致我们重复每一件做过的事情——我们所犯的错误以及所形成的智慧。因此，我们应该谨慎地开始这项工作，仿佛处于未来的时代注视之下。我们必须奠定广泛而坚实的基础，为未来可能建立的任何大厦提供全面的支持。我们所做的工作是卑微的，却是最重要的。如果我们真诚地去做一切事情，我们的工作就不会徒劳无益。就像凿墙上的岩石所发出的声音一样，每个教师对工作的态度都应该是发自内心的真诚。在这个意义上大学一定会取得成功。除非大学的工作是“以十分严肃的方式进行”，否则没有什么能把它从失败中拯救出来。而且，在这种感觉和认识中，只有对我们能够影响其生活的那些人给予帮助，才能证明我们在这里存在的合理性。我们准备开始工作了。

我们希望把受过教育的人的无价遗产教给我们的学生，让他们知道什么才是真正的知识的力量。高等教育应该让人直接接触真理。它应该有助于使他们摆脱古老传统的束缚，并使他们能够形成每一天都有值得新的证据摆在他们面前的观点。一个受过教育的人不应该成为过去的奴隶，不应该成为前人的复制品。在一定程度上他是一个新的知识王朝的建立者，因为每一个新的思想家都是一种新型的人。真理是宇宙中最真实的东西，精神和道德力量同样来自我们与真理的接触。

从这些大厅里传播出来的每一个观点都应该强调真理的价值。学问的本质就是把一些绝对正确的东西识别出来。用赫胥黎的话说："有些学问其确定性是没有权威可以增加或减去一点点，对这些学问而言，一千年的传统就像是昨天的传闻。"学者，正如我们伟大的化学家本杰明·西利曼（Benjamin Silliman）所说的，必须"相信真理就是真理，相信世界上有一种力量足够强大，可以确保讲真话安全，并且足以确保讲真话能产生预期的效果"。个人真诚的影响，体现在教师的生活中，是学校能够提供帮助的一种最强的道德力量，道德训练主要不是通过训诫而是通过实践来进行的。我们可以通过展示自己重视真理向学生传授真理的价值。

同样地，正确的生活价值观可以通过正确的榜样来教授。用一位非常有智慧的教师[1]的话来说，"科学不分生活的来源，它只关注生活"。教师是公认的文明的代表之一。用海涅（Heine）的话来说，教师是一位'圣灵骑士'（Knight of the Holy Ghost）。如

① 威廉·L.布莱恩（William Lowe Bryan）教授。——原文注

果要传播美德和诚实，必须由拥有它们的人来传播。如果我们身边所熟悉和热爱的儿童要成长为正直的男人和女人，儿童必须有机会看到当正义存在的时候正义是什么样子的。他说的话也许是对的，除了让男人和女人守卫我们的国家外，我们还有什么任务呢？如果我们能够做到这一点，如果在我们国家的每一平方英里土地上都有一个人，他或她的全部影响就是一种文明的力量，那么我们就能从我们的教育制度中得到它所能给予的一切，以及我们所能渴望的一切。因此，我们希望这所新学校可以与她年长的姐妹学校——加州大学，一起在教育工作中发挥其作用，与每一个促进正确思考和正确生活的机构和谐相处。收获是丰厚的，但劳动者仍然太少；享有充足的教育应该是每个美国男人和女人与生俱来的权利。

今天，我不打算告诉你们理想中的大学应该是什么样的。如果我们的工作是成功的，我们的理想将会在学校的日常生活中体现出来。一所学校就像一个堡垒，不是建筑物的外形而是建筑材料的强度决定了其效力。用橡树的心构筑要塞，无论有无堡垒都没有关系。无论它的形式、组织或主张是什么，大学的性质都是由教师所确定的。纽曼（Cardinal Newman）说过："大学可以建在棚屋里，甚至在帐篷里，但是大学里一定要有伟大的教师。"大学精神来自这些教师，大学组织的功能主要是将他们集合在一起。爱默生说："只有当它们不是以训练为目的而是以创造为目的时，只有当它们把各种天才的每一道光芒从遥远的地方搜集到它们热情友好的大厅，以集中的火焰点燃了青年心中的烈火时，大学才能为我们做出巨大的贡献。"强大的人使大学变得强大。伟大的人物一定会在与他接触的每一个年轻人身上都留下重要的印记。下面这一点怎么强调都不过分：大学组织的真正目的就是要制造大学的氛围——这样的氛围就像聚集在拉格比公学的阿诺德、慕尼黑大学的多林格、乌普萨拉大学（Upsala）的林奈（Linnaeus）[①]、弗莱堡大学的维尔纳（Werner）、哈佛大学的阿加西、威廉姆斯大学的马克·霍普金斯、康奈尔大学的安德鲁·怀特等人的周围一样，就像聚集在各个地方所有的伟大教师的周围一样。

一名教授如果没有原创性研究，他在大学中就不应该有一席之地。做无创见的或二手学问的人都是缺乏理想的人，然而这一事实可能大量地被隐瞒了。一个有崇高理想的人一定要成为一位研究者。他一定要了解自己并为自己着想。只有这样做的人才能成为真正的伟大的教师。总有一天我们的大学会认识到，最重要的教授可能是那些不上课而把全部的时间和精力都用于高级研究的人。也许，这些人在大学中的示范作用对学生的价值影响要比其他人的训诫和训练大出百倍。他们确定了高水平的学术标准。他们帮助建立了大学精神。没有大学精神，任何一所大学都只不过是一所有点自命不凡的文法学校而已。

品德的影响远远超过所有的知识，人们对美德和虔诚的冲动来自那些证明了美德和虔诚确实存在的人。对于最高尚以及最卑微的人来说，没有比 18 世纪伟大的学者在哈马尔比（Hammarby）的家里所题写的座右铭更高贵的了——“好好做人；神无处不在”（Innocue vivito；numen adest）。林奈说：“这是我生活的智慧。”我们在实现规律的永恒性和内在性的真理方面所取得的每一个进展，都使我们更接近于上帝，上帝是一切规律和一切现象的最伟大的造物主。

---

① 林奈（1707—1778），瑞典博物学家，现代生物学分类命名的奠基人。曾在乌普萨拉大学求学和任教。——译者注

虽然教师的工作必须是大学的核心，但我们必须感到高兴的是在帕洛阿尔托市这里，甚至连角豆树的豆荚都非常好看。美丽与健康是教育中的重要力量。每个与年轻人的大脑相接触的事物都会在大脑里留下痕迹。“在人的生活中没有什么事情是无意义的”，我们环境中最不起眼的东西都会有它或大或小的作用。沃尔特·惠特曼（Walt Whitman）告诉我们一个故事：“有一个孩子每天向前走去，他看见最初的东西，他就变成了那东西。”这个过程可能是一会儿，或者一个小时，或者数年。教育的实质是使人接受完善人的道德和促使人变得文明的各种影响。爱默生告诉我们：“大学里的一美元要比监狱里的一美元更有价值。”把每一美元用在使大学变得更加美丽上，将会得到使学生的生活更加丰富多彩的回报。

为最优秀的儿女做得最少，这一直是美国的耻辱。大学生们——“思想健全、意志坚定的年轻人，国家最宝贵的财富”，引用怀特校长的话来说，“居住在肮脏的军营里”。学生不需要奢侈的生活。朴素的生活总是伴随着高尚的思想。但在这个功利主义的时代，具有教育力量的优雅和健康经常被人遗忘了。这些带有雄伟拱门的长廊，这些弧形的随风摇摆的棕榈叶，就像化学实验室或神学院的教室一样会在学生的教育中发挥作用。四方院里的每一块石头都会讲述优雅和真诚的故事，这里的圣克拉拉山谷——“圣洁明净”的山谷——将在每个学生的心田占据一个温暖的地方。这一地区的美丽画面将牢牢地粘贴在其大脑制图室的图案库中。他不会忘记两座山脉之间精美的波状起伏，在两山之间柔和的蓝色希腊式天空形成的巨大拱形；他不会忘记古老的橡树，也不会忘记平缓的坡田，随着季节的变化，从翠绿变成了金黄。艺术画廊宏伟的支柱，丰富的珍藏品，过去不同时代理想中的精选的遗物——所有这些，以及每个人可以为自己找到的上百件其他东西，将会使他的大脑充满色彩斑斓的图片，这些印象在其生命进程中将永不磨灭。因此，在每一个学生的品德中都应该留下某些帕洛阿尔托市不朽的、美好的印记。

阿加西曾经说过："人类身体的苦痛，穷人的贫困、饥饿以及衣不蔽体的人的渴望，引发了每个拥有人类感情的人的同情心。但是有一些困窘只有贫困的学生才了解。有一种饥饿和干渴只有最高的善举才能理解和减轻它。在这个隆重的时刻，我要说给予高等教育的每一美元，无论是在哪个知识领域，相比于为大众提供安逸和舒适的物质生活所花费或正在花费的数千、数十万、数百万美元，对我们国家未来的性质很可能产生更大的影响。"

我不打算回顾创办斯坦福大学的历史。它是在一个巨大的悲伤的阴影中诞生的，它的目的就是希望满足后世对知识的渴望与追求——永恒的好奇心，这是上帝赐给人类的最好的礼物。对小利兰·斯坦福崇高而短暂的生命而言，斯坦福大学是对他的一种悼念和纪念，这位男孩的影响永远不会在我们的国家消失。创办大学这件鼓舞人心的事我们要归功于他，这件事使大学的创始人将辛苦打拼的成功企业的收益投入到高等教育工作中。

六年前，在加利福尼亚州的一份期刊①上，提到了我们今天开始的工作："比后世几代人所取得的持久荣誉更大的成就，是它将永远成为他们的一种生活能力。很少有一个男人和女人同时拥有这种在死后流传下去的能力和技能，这种能力和技能在许多人的生活中继续起作用并不断发展——不是几十人或几百人，而

---

① 米莉森特·W.希恩（Milicent W. Shinn）发表于《陆路月报》（*The Overland Monthly*）。——原文注

是成千人和上万人，就像一代又一代人不断地延续一样。把钱花在教育上是明智的，每个受过教育影响的人都同样地成为他所处时代各个领域的传播中心，因此教育影响不断地以几何级数增长。这种塑造子孙后代良好品德，在人的肉体化为尘埃多年之后仍有力地影响人类事务的能力，似乎不仅超出了生物的能力，而且超出了人类的能力。这样，在塑造众人具有良好品质的过程中，人类成为上帝的合作者。”

当加利福尼亚州生产的黄金用于教育的目的时，“加利福尼亚州的黄金时代”就开始了。这些行为一定会提升加利福尼亚州在即将到来的新世纪中的地位。那时加州不再是淘金者和冒险家的加州，而是高尚的男人和女人的住所，他们在时代的智慧中接受教育，心中充满了对自然的爱、对人类的爱和对上帝的爱。如果在大学的作用下，大学创始人的每一个希望和祝愿一定都能实现，那么我们国家的未来将是光明的。

18

西班牙城堡

我知道有一座城堡，位于西班牙的中心地带，
它由石头建造而成，仿佛永远屹立不倒，
城堡屋顶红色的瓦片，衬托在蔚蓝色的天空上，
在西班牙的中心地带，天空是最蓝的。
人们已经不再建造如此美丽的城堡了；
来到它宽阔的拱门下，走进它美丽的庭院中，
穿过它的回廊——可以通向城堡的各个地方，
我随心所欲地在城堡中漫步，无论是晴天还是雨天。
我知道城堡最幽深处的秘密，
这座城堡是属于我的。但是它并不仅仅属于我一个人：
亲爱的，城堡是属于你的，你要永远拥有它。
城堡是属于所有人的，就像是属于你和我的一样；
无论是谁经过城堡的大门都会说，
“我居住在这座城堡里。这是我的城堡！”

图书在版编目（C I P）数据

人的养育与教育 ：乔丹高等教育演讲集 / （美）戴维·斯塔尔·乔丹（David Starr Jordan）著 ；於荣译. -- 杭州 ：浙江教育出版社，2019.12
（新汉译世界高等教育名著丛书. 第一辑）
ISBN 978-7-5536-9880-9

Ⅰ. ①人… Ⅱ. ①戴… ②於… Ⅲ. ①高等教育—演讲—文集 Ⅳ. ①G64-53

中国版本图书馆CIP数据核字(2020)第012279号

责任编辑 陆 鸿 施懿真　　美术编辑 韩 波
责任校对 傅文文 何 奕　　责任印务 陈 沁

新汉译世界高等教育名著丛书（第一辑）
XIN HANYI SHIJIE GAODENG JIAOYU MINGZHU CONGSHU
人的养育与教育——乔丹高等教育演讲集
REN DE YANGYU YU JIAOYU——QIAODAN GAODENG JIAOYU YANJIANG JI
[美]戴维·斯塔尔·乔丹 著 於荣 译 祝贺 校

出版发行 浙江教育出版社
（杭州市天目山路40号 电话：0571-85170300-80928）
图文制作 杭州兴邦电子印务有限公司
印　　刷 浙江新华数码印务有限公司
开　　本 710 mm × 1000 mm 1/16
印　　张 16.5
插　　页 2
字　　数 222 000
版　　次 2019年12月第1版
印　　次 2019年12月第1次印刷
标准书号 ISBN 978-7-5536-9880-9
定　　价 42.00元

如发现印、装质量问题，影响阅读，请与本社市场营销部联系调换。
电话：0571-88909719